DESENVOLVIMENTO ECONÔMICO

COMO TRANSFORMAR DESAFIOS EM OPORTUNIDADES

Editora Appris Ltda.
1.ª Edição - Copyright© 2024 do autor
Direitos de Edição Reservados à Editora Appris Ltda.

Nenhuma parte desta obra poderá ser utilizada indevidamente, sem estar de acordo com a Lei nº 9.610/98. Se incorreções forem encontradas, serão de exclusiva responsabilidade de seus organizadores. Foi realizado o Depósito Legal na Fundação Biblioteca Nacional, de acordo com as Leis nos 10.994, de 14/12/2004, e 12.192, de 14/01/2010.

Catalogação na Fonte
Elaborado por: Josefina A. S. Guedes
Bibliotecária CRB 9/870

C818d
2024
	Cornélio, Juliano
	    Desenvolvimento econômico: como transformar desafios em oportunidades / Juliano Cornélio. – 1. ed. – Curitiba: Appris, 2024.
	    119 p. ; 21 cm.
	
	    Inclui referências.
	    ISBN 978-65-250-5556-5
	
	    1. Desenvolvimento econômico. 2. Investimentos. 3. Cidades. I. Título.
	
	    CDD – 330

Livro de acordo com a normalização técnica da ABNT

Appris editora

Editora e Livraria Appris Ltda.
Av. Manoel Ribas, 2265 – Mercês
Curitiba/PR – CEP: 80810-002
Tel. (41) 3156 - 4731
www.editoraappris.com.br

Printed in Brazil
Impresso no Brasil

Juliano Cornélio

DESENVOLVIMENTO ECONÔMICO

COMO TRANSFORMAR DESAFIOS EM OPORTUNIDADES

FICHA TÉCNICA

EDITORIAL	Augusto Coelho
	Sara C. de Andrade Coelho
COMITÊ EDITORIAL	Ana El Achkar (UNIVERSO/RJ)
	Andréa Barbosa Gouveia (UFPR)
	Conrado Moreira Mendes (PUC-MG)
	Eliete Correia dos Santos (UEPB)
	Fabiano Santos (UERJ/IESP)
	Francinete Fernandes de Sousa (UEPB)
	Francisco Carlos Duarte (PUCPR)
	Francisco de Assis (Fiam-Faam, SP, Brasil)
	Jacques de Lima Ferreira (UP)
	Juliana Reichert Assunção Tonelli (UEL)
	Maria Aparecida Barbosa (USP)
	Maria Helena Zamora (PUC-Rio)
	Maria Margarida de Andrade (Umack)
	Marilda Aparecida Behrens (PUCPR)
	Marli Caetano
	Roque Ismael da Costa Güllich (UFFS)
	Toni Reis (UFPR)
	Valdomiro de Oliveira (UFPR)
	Valério Brusamolin (IFPR)
SUPERVISOR DA PRODUÇÃO	Renata Cristina Lopes Miccelli
PRODUÇÃO EDITORIAL	Miriam Gomes
REVISÃO	João Simino
DIAGRAMAÇÃO	Yaidiris Torres
CAPA	João Vitor Oliveira dos Anjos
REVISÃO DE PROVA	Jibril Keddeh

Para Fabiana Braz Cornélio, Breno Cornélio, Meus Pais, Amigos e Amigas.

O meu profundo agradecimento por serem os pilares inabaláveis ao longo desta jornada. A vocês, que sempre me encorajaram a transformar desafios em oportunidades, dedico este livro. Suas presenças e apoio fizeram este projeto possível.

Com gratidão,

Juliano.

AGRADECIMENTOS

Meus agradecimentos a duas pessoas que sempre me incentivam, que me inspiram e, sobretudo, que estão ao meu lado em todos os momentos! Ao meu amado filho, Breno Cornélio, que para mim se tornou um exemplo de empreendedor jovem e com uma visão de negócios que o leva sempre à frente, além de ser uma pessoa de um coração enorme e um filho do qual tenho orgulho de ser pai. Em especial também a minha amada esposa Fabiana Braz Cornélio, que me motiva a todo o momento e sempre me apoia em todas as decisões, um exemplo de mulher de garra, mulher forte e a quem rendo minha admiração e amor. Gratidão aos dois!

Não posso deixar de agradecer aos meus pais, parceiros, ao caro prefeito de Varginha Verdi Melo e Vice-prefeito Leonardo Ciacci (2020-2024), aos amigos(as), e em especial a Nereida Avelar e Prof. Jackson Eduardo Gonçalves, aos parcerios Breno Paiva, Fernando Passalio, Douglas Cabido, Bruno Dixini, José Edgard, Cinthia Silva, além de todos(as) aqueles(as) que me apoiaram nessa jornada.

PREFÁCIO 1

Quando o amigo Juliano Cornélio me convidou para assinar o prefácio de seu livro, não tinha como dizer não. Primeiramente, pelos laços de amizade que criamos ao longo dos anos. Em segundo lugar, pelo seu incrível trabalho focado em estratégias e ações pelo desenvolvimento econômico. A experiência do Juliano como gerente regional do Sebrae Minas, somada à sua trajetória como empreendedor, elevou sua capacidade em se tornar um agente público de impacto pelo desenvolvimento econômico.

Juliano Cornélio, como Secretário Municipal de Desenvolvimento Econômico de Varginha, está fazendo história, realizando importantes agendas focadas em desburocratização, liberdade econômica, atração de investimentos e inovação. Varginha, hoje, é considerada um dos maiores redutos de investimentos de Minas Gerais. Tudo isso graças ao trabalho de seu atual secretário, Juliano Cornélio.

Pela minha caminhada, considero-me um especialista em políticas públicas focadas no desenvolvimento econômico. Defendo o fortalecimento da livre iniciativa e dos empreendedores, com um poder público cada vez menos interventor. Um bom secretário de desenvolvimento econômico deve ter como princípio e meta reduzir, ao máximo, as burocracias, promover a liberdade econômica e evidenciar as potencialidades de seu território para atrair novos investimentos. Exatamente o que o Juliano fez em Varginha.

Varginha tornou-se o primeiro município de Minas Gerais a aderir ao Programa Estadual de Desburocratização – Minas Livre para Crescer, aplicando integralmente a legislação de liberdade econômica proposta pelo Governo de Minas Gerais. Novamente em parceria com o governo de Minas, estabeleceu estratégias agressivas para atração de investimentos juntamente à Invest Minas. Os resultados são notórios, destaque na geração de empregos, recorde no tempo de abertura de empresas e volume expressivo de novos investimentos para o município. Varginha tornou-se um exemplo de práticas vencedoras e de sucesso.

Este livro reforça esse legado, servindo de guia e inspiração aos atuais e futuros gestores públicos, especialmente àqueles com paixão para o progresso e o desenvolvimento econômico.

Douglas Cabido
Especialista em Políticas Públicas e Gestão Governamental.
Foi Subsecretário Estadual de Desenvolvimento Regional entre 2020/2022.
Atual Diretor-Técnico do Sebrae Minas (Gestão 2023-2026)

PREFÁCIO 2

Falar sobre desenvolvimento econômico sempre é uma honra, afinal, o avanço de Minas Gerais passa, diariamente, pela Secretaria de Estado de Desenvolvimento Econômico (Sede), da qual estou à frente até o presente momento. E, no que tange a esse tema, tenho orgulho de poder afirmar que Minas Gerais, a cada dia que passa, vem se tornando o berço da liberdade econômica no Brasil. E uma referência com esse peso somente se sustenta com uma base forte de trabalho e um norte comum: qualidade de vida para o cidadão mineiro. Abordar esse tema em um importante livro sobre o desenvolvimento econômico de Varginha também é um privilégio, tendo em vista a relevância que o município expressa na economia do nosso estado, bem como o intuito pungente de avançar ainda mais. Varginha foi o primeiro município a assinar o Decreto de Liberdade Econômica junto ao Governo de Minas e, apenas em 2022, contabilizou a abertura de mais de 3 mil empresas. É uma cidade que vibra economia, trabalho e progresso. Minas Gerais, como um todo, pulsa liberdade econômica e obviamente isso se deve a uma série de iniciativas constantes do governo do Estado e municípios nesse sentido. Até o momento, em 2023, quase metade da população já é impactada com a Lei de Liberdade Econômica. São 340 municípios livres para crescer que fizeram adesão ao decreto em âmbito municipal. E isso é fundamental para viabilizar novos investimentos, bem como o aumento da produção e consumo, fazendo a economia girar. Tendo isso em vista, considero fundamental que mais e mais gestores, assim como cada cidadão de Minas, tenham acesso a um conteúdo como este, de ampla relevância no cenário do desenvolvimento econômico para que, assim, iniciativas e ações concretas sejam bem embasadas e se tornem efetivas. Além disso, espero que o objeto proposto aqui possa, de formas distintas, auxiliar todos os leitores que precisam ou desejam entender como o desenvolvimento econômico se mostra como o pilar de cidades, estados e países que avançam e, com isso, proporcionam aos cidadãos mais saúde, segurança, educação e, claro, qualidade de vida.

Boa leitura!

Fernando Passalio

Secretário de Estado de Desenvolvimento Econômico

PREFÁCIO 3

É com enorme satisfação e grande honra que escrevo algumas singelas palavras sobre o desenvolvimento econômico de Varginha – e por que não dizer da região? Contudo, deve-se ressaltar que, muito provavelmente, todo o progresso vivenciado nos últimos anos não seria o mesmo se não fosse a marcante participação de um grande e distinto amigo: o Juliano Cornélio, visionário por natureza e extremamente determinado em tudo o que se propõe a fazer.

Voltemos um pouco no tempo e uma simples análise nos dará uma clara visão sobre o que e quem possibilitou o desenvolvimento econômico de Varginha e região. Para tanto, não podemos deixar de mencionar alguns fatores que foram e seguem sendo âncoras para tanta prosperidade: localização geográfica; infraestrutura; polo cafeeiro; prestação de serviços; empreendedorismo; indústria; e comércio.

Poderíamos discorrer sobre a relevância de cada um desses fatores elencados para o desenvolvimento de Varginha e região por horas e horas, assim como poderíamos evidenciar e detalhar o envolvimento do nosso carismático amigo Juliano em todos esses segmentos, sempre com muita ética, disposição e perseverança. Todavia, creio que seja mais pertinente entrar no mérito do segmento em que atuo, a cafeicultura.

Nesse segmento em que milito há bastante tempo e que é a base da economia de Varginha e de toda a região, foram inúmeros os *cases* de sucesso que contaram com a iniciativa, participação e coordenação do amigo Juliano, gerando empregos e melhores condições de vida.

Nos dias de hoje, desde que assumiu a função de Secretário Municipal de Desenvolvimento Econômico da cidade de Varginha, ele vem fazendo uma verdadeira revolução, transformando o município em um genuíno modelo de empreendedorismo e desenvolvimento econômico, motivo de muito orgulho para todos nós cidadãos.

Por fim, que Deus o abençoe, o ilumine e o dê força para que continue prestando sua sincera e perseverante contribuição em prol da melhoria das condições de vida de nossos irmãos varginhenses e de toda a região.

Que as páginas deste livro sejam inspiração e luz para todos aqueles que, assim como o amigo Juliano, sonham com um amanhã cada vez mais justo e cada vez mais próspero.

Um forte abraço!

José Edgard Paiva,
Engenheiro Agrônomo e Presidente da
Fundação Procafé

PREFÁCIO 4

A obra que você tem em mãos mostra como o autor cumpriu a missão de tirar do papel e da imaginação planos de evolução tão sonhados por sua comunidade, consequentemente, de sua cidade. Viver o desenvolvimento econômico e sentir o jogo virar na cidade é uma energia contagiante, que traz consigo muita gente boa, pois cada um se enxerga de maneira sistêmica, ou seja, de maneira a somar no processo.

Pudemos vivenciar essa realidade quando convidamos o amigo Juliano Cornélio para assessorar nosso recém-criado Conselho de Desenvolvimento Econômico de Três Pontas. Juliano tem um curriculum que fala por si: sua trajetória como Gerente Regional do Sebrae foi brilhante e propiciou-lhe uma grande visão regional sobre nossas potencialidades, mas o que sempre nos surpreendeu foi seu *network* poderoso, sua visão holística, seus *insights* provocantes e seu olhar sempre positivo, independentemente das adversidades.

Dentro do Conselho, Juliano com muita habilidade soube trazer aos participantes da sociedade civil organizada e aos entes do poder público maior empatia às demandas empresariais, bem como os sensibilizou da importância da desburocratização e também sobre como a economia mais pujante com empresas fortalecidas aceleraria o desenvolvimento local e seria o pontapé para galgarmos sonhos ainda maiores. Atingimos um alinhamento de instituições muito evoluído, que ficou muito evidente na pandemia, momento em que nos reuníamos quase semanalmente para debatermos as adversidades, e saíamos triunfantes desse desafio, já que poucas vezes fechávamos as empresas em nossa cidade durante aquele período turbulento.

Foram muitos planos debatidos, metodologias aplicadas e visões exercitadas. As provocações de Juliano enquanto articulador de nosso conselho foram decisivas para a evolução de visão de nossa querida Três Pontas, e hoje temos um plano de Desenvolvimento

Econômico 2030, com muitas ações já executadas e um turismo fortalecido em nossa cidade baseado em fé, música e café. Além disso, temos também um cenário de empresas locais em forte expansão, prefeitura capitalizada, Secretaria de Desenvolvimento Econômico atuante, parcerias colaborativas entre poder público e privado, novos pleitos de empresas de fora chegando, entre outros. Conseguimos em poucos anos, enfim, acelerar nossa cidade e nos aproximar do que nos parecia distante: o desenvolvimento econômico.

Neste livro você, líder, empresário ou cidadão, verá exemplos e vivências reais que o colocarão na rota do desenvolvimento. Não duvide das capacidades e potencialidades de sua região, busque transformar sua realidade, pois você verá que é necessário e possível unir os elos de sua cidade a fim de que todos olhem para a mesma direção e construam um plano juntos. Uma vez feito isso, você verá que tudo começa se tornar mais palpável e que os resultados acontecerão.

Neste livro estão os passos para sua cidade crescer com força e vigor: mãos à obra?! Desejo uma ótima leitura. Permita-se sonhar!

"Quando se sonha sozinho é apenas um sonho. Quando se sonha junto é o começo da realidade".

(Miguel de Cervantes)

Bruno Dixini Carvalho

Empresário, Agricultor, atual Presidente da Associação Comercial de Três Pontas e atual Vice-Presidente do Conselho de Desenvolvimento Econômico de Três Pontas

PREFÁCIO 5

Fiquei muito feliz com o desafio de escrever um prefácio para a obra de meu pai, Juliano Cornélio, e pude perceber o quão privilegiado sou. Afinal, é uma honra única ter a oportunidade de celebrar e introduzir ao público esta obra que nasceu da mente de uma pessoa tão inspiradora e dedicada, que tem sido não só um pai dedicado, mas também um agente transformador em sua esfera profissional por quase três décadas.

O título deste livro, *Desenvolvimento econômico: como transformar desafios em oportunidades*, não poderia ser mais apropriado. Nele, meu pai condensa anos de experiência e observações aprofundadas sobre o tema. Ele nos conduz por caminhos econômicos, levando-nos a uma compreensão mais rica e multidimensional do desenvolvimento, revelando a importância de suas consequências em nossas vidas e comunidades.

De maneira tão inteligente e dedicada, meu pai, ao longo de sua carreira, não só estudou como participou ativamente da construção e transformação de realidades socioeconômicas. Cada cidade, cada indivíduo que se beneficiou de seu trabalho, são testemunhos do seu compromisso em gerar progresso e bem-estar.

Em casa, a narrativa não é diferente. Como pai, sempre buscou fomentar em mim o desenvolvimento integral, semeando valores como a persistência, a curiosidade e a empatia. E, ao fazer isso, ensinou-me que o crescimento é um processo contínuo que exige paciência, dedicação e uma vontade inabalável de aprender.

Este livro é um reflexo direto do homem que meu pai é: um incansável explorador de possibilidades, um profissional respeitado e um ser humano inspirador. As páginas a seguir oferecem muito mais do que conceitos e teorias econômicas; elas apresentam a visão de mundo de um homem que viveu na pele os desafios e as recompensas do desenvolvimento econômico.

Sinto-me profundamente orgulhoso ao ver meu pai publicando sua primeira obra, um testemunho tangível de sua paixão e de sua contribuição para a sociedade. Este livro é mais do que uma fonte de conhecimento; é a celebração de uma vida dedicada à busca do progresso e da justiça social.

Em cada página, cada linha, cada palavra, encontramos a essência de Juliano Cornélio, um profissional exemplar, um pai extraordinário, um verdadeiro agente de transformação. Portanto, convido você a se juntar a nós nesta jornada, a explorar as lições que ele gentilmente compartilha, e a descobrir por si mesmo a vastidão e a profundidade do desenvolvimento econômico e como ele impacta nossas vidas.

Assim, seja bem-vindo a este universo. Desejo a você uma leitura inspiradora e enriquecedora.

Breno Cornelio
Empresário e Fundador da Cresça Mais Edtech
Empreendedor Inovador

SUMÁRIO

1 INTRODUÇÃO 33
   1.1 – O que é desenvolvimento econômico 33
   1.2 - Por que é importante para os municípios 34

2 DESENVOLVIMENTO ECONÔMICO LOCAL 37
   2.1 - Como acontece o desenvolvimento econômico local 38
   2.2 - Fatores que afetam o desenvolvimento econômico nos municípios 40
   2.3 – Desafios para promoção do desenvolvimento econômico 41

3 PANORAMA ECONÔMICO BRASILEIRO 45
   3.1 – Principais desafios e oportunidades para o desenvolvimento econômico do país 46
   3.2 – Oportunidades para o desenvolvimento econômico do país 47

4 O PAPEL DAS CIDADES NO DESENVOLVIMENTO ECONÔMICO BRASILEIRO 51
   4.1 - Como as cidades com políticas públicas corretas contribuem para o desenvolvimento econômico do país 52
   4.2 - Importância da infraestrutura, inovação e tecnologia nas cidades 53
   4.3 - Exemplos de cidades brasileiras que se destacam no desenvolvimento econômico 54

5 ANÁLISE DAS ESTRATÉGIAS E POLÍTICAS PÚBLICAS ADOTADAS PELAS CIDADES PARA ESTIMULAR O DESENVOLVIMENTO ECONÔMICO 59

6 O PAPEL DO EMPREENDEDORISMO NO DESENVOLVIMENTO ECONÔMICO DAS CIDADES 63

7 POLÍTICAS PÚBLICAS PARA O DESENVOLVIMENTO ECONÔMICO DAS CIDADES 67

8 FÓRMULAS E INDICADORES PARA INSTALAÇÃO DE EMPRESAS EM UMA CIDADE 75

9 DISCUSSÃO SOBRE OS DESAFIOS E LIMITAÇÕES DAS POLÍTICAS 81

9.1 - Desenvolva uma visão clara e estratégica para o futuro da cidade 81

9.2 - Invista em infraestrutura 83

9.3 - Ofereça incentivos fiscais e financeiros 85

9.4 - Promova a cidade e atraia eventos 87

9.5 - Estabeleça parcerias estratégicas 87

10 FERRAMENTAS E MODELO DE DIAGNÓSTICO PARA SE IMPLEMENTAR E AVALIAR O NÍVEL DE INVESTIMENTO DE UMA EMPRESA EM UMA CIDADE 89

10.1 - Como calcular o ROI de uma empresa que está se instalando numa cidade? 90

10.2 - Como criar uma análise Swot para atração de investimentos em uma cidade? 91

10.3 - Como se calcula o VAF de uma cidade? 92

10.4 - Como se faz o Estudo de Impacto Econômico Local (Eiel) 93

10.5 – Estudo de Viabilidade Econômica (EVE) para uma empresa 95

10.6 – Como criar um conselho de desenvolvimento econômico local em uma cidade 97

10.7 - Como criar um diagnóstico municipal: 97

10.8 - Qual é o nível de diversificação econômica 99

10.9 - Exemplo de um modelo de análise Swot para cidades que buscam desenvolvimento econômico 102

10.10 - Como aplicar as cinco forças de Porter 104

10.11 - Exemplo de um modelo de análise das cinco forças de Porter para uma cidade que quer se desenvolver 105

10.12 - Uma análise BCG para cidades 108

11 CONSIDERAÇÕES FINAIS 113

12 REFERÊNCIAS 115

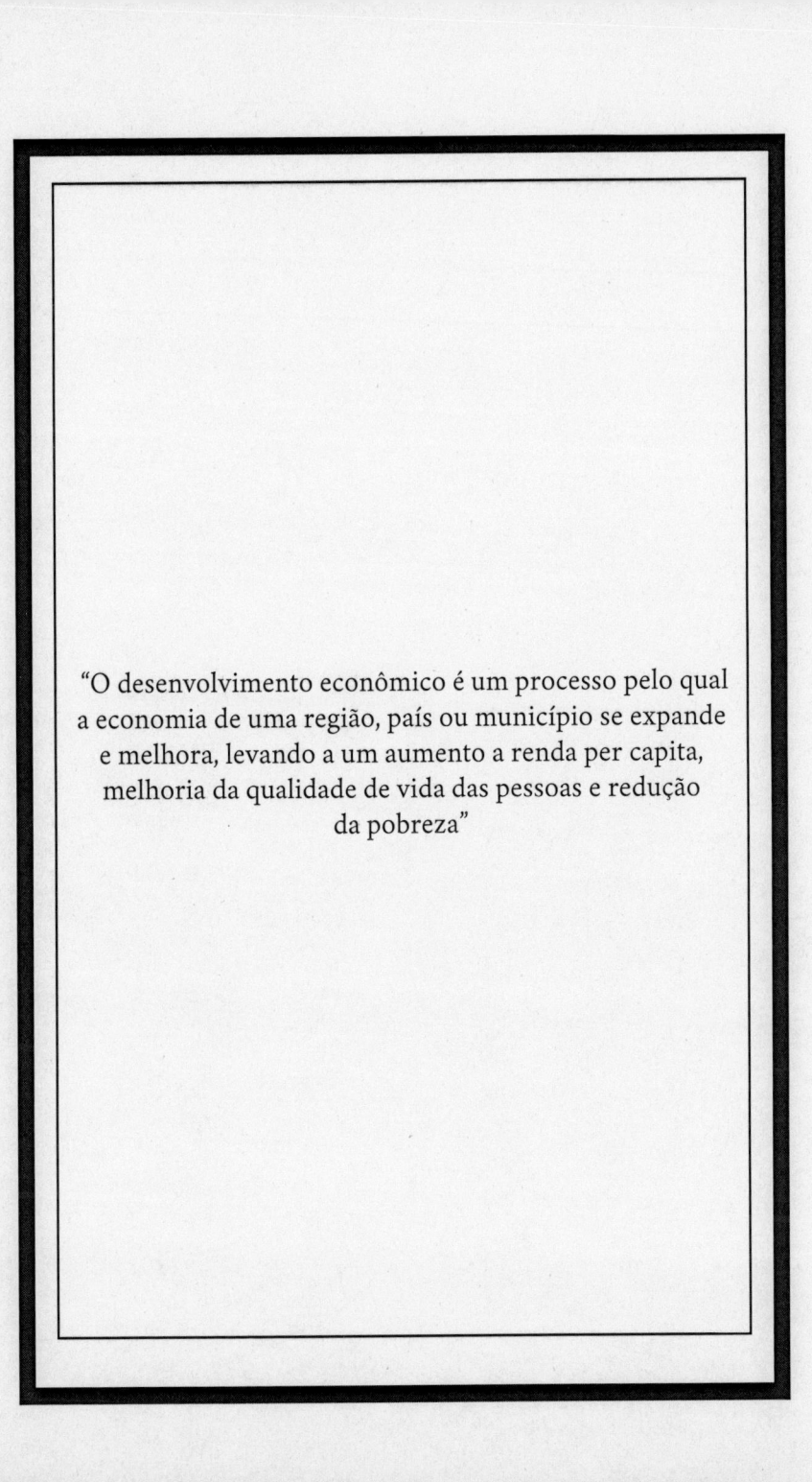

"O desenvolvimento econômico é um processo pelo qual a economia de uma região, país ou município se expande e melhora, levando a um aumento a renda per capita, melhoria da qualidade de vida das pessoas e redução da pobreza"

1
INTRODUÇÃO

Este livro tem como objetivo apresentar o tema "desenvolvimento econômico nas cidades e como ele acontece", bem como apresentar sugestões, práticas e casos reais de sucesso em cidades que se desenvolveram a partir de uma política pública estruturada e compartilhada. Para tanto, ele está estruturado em etapas que enfocam a definição de desenvolvimento econômico e como ele deve acontecer na prática nos municípios brasileiros.

É de conhecimento comum que os entraves burocráticos para se empreender e dificuldades para atração de investimentos e de criar políticas públicas para empreender são acentuados, mas acredito que as oportunidades são imensas, desde que seja estimulado um ambiente favorável aos negócios, com menos burocracia e mais agilidade e que de fato dê resultados efetivos e com mais liberdade. Com este livro, quero apresentar um pouco das minhas pesquisas, dos meus estudos e das minhas práticas vividas com relação ao trabalho dedicado ao desenvolvimento econômico, hoje tão importante para a geração de riquezas e oportunidades, mas que às vezes não é vista como uma das prioridades em cidades do Brasil.

1.1 – O que é desenvolvimento econômico

O desenvolvimento econômico é um processo pelo qual a economia de uma região, país ou município se expande e melhora, levando a um aumento da renda *per capita*, melhoria da qualidade de vida das pessoas e redução da pobreza. O desenvolvimento econômico é um objetivo comum de governos em todo o mundo, os quais buscam criar condições favoráveis para que as empresas prosperem e criem empregos, aumentando assim a prosperidade de seus cidadãos.

A definição de desenvolvimento econômico passou por mudanças desde que ele começou a ser debatido no início do século XX. De início, baseava-se apenas no crescimento da economia, com o aumento da produção e dos rendimentos de uma população.

Com a sua evolução, passou a ser um conceito mais amplo, indo além da expansão dos rendimentos e incluindo aspectos relacionados à melhoria da qualidade de vida e de aspectos sociais. Dessa forma, o desenvolvimento econômico surge com a melhoria do padrão de vida geral, indo além de óticas como o aumento da renda *per capita* de um país. (DICIONÁRIO FINANCEIRO, 2023).

1.2 - Por que é importante para os municípios

O desenvolvimento econômico é particularmente importante para os municípios porque pode levar a um aumento do investimento, criação de empregos e aumento da renda, melhorando a qualidade de vida dos residentes locais. Além disso, o desenvolvimento econômico pode ajudar a diversificar a economia local, tornando-a menos dependente de um único setor, reduzindo assim o risco de choques econômicos negativos.

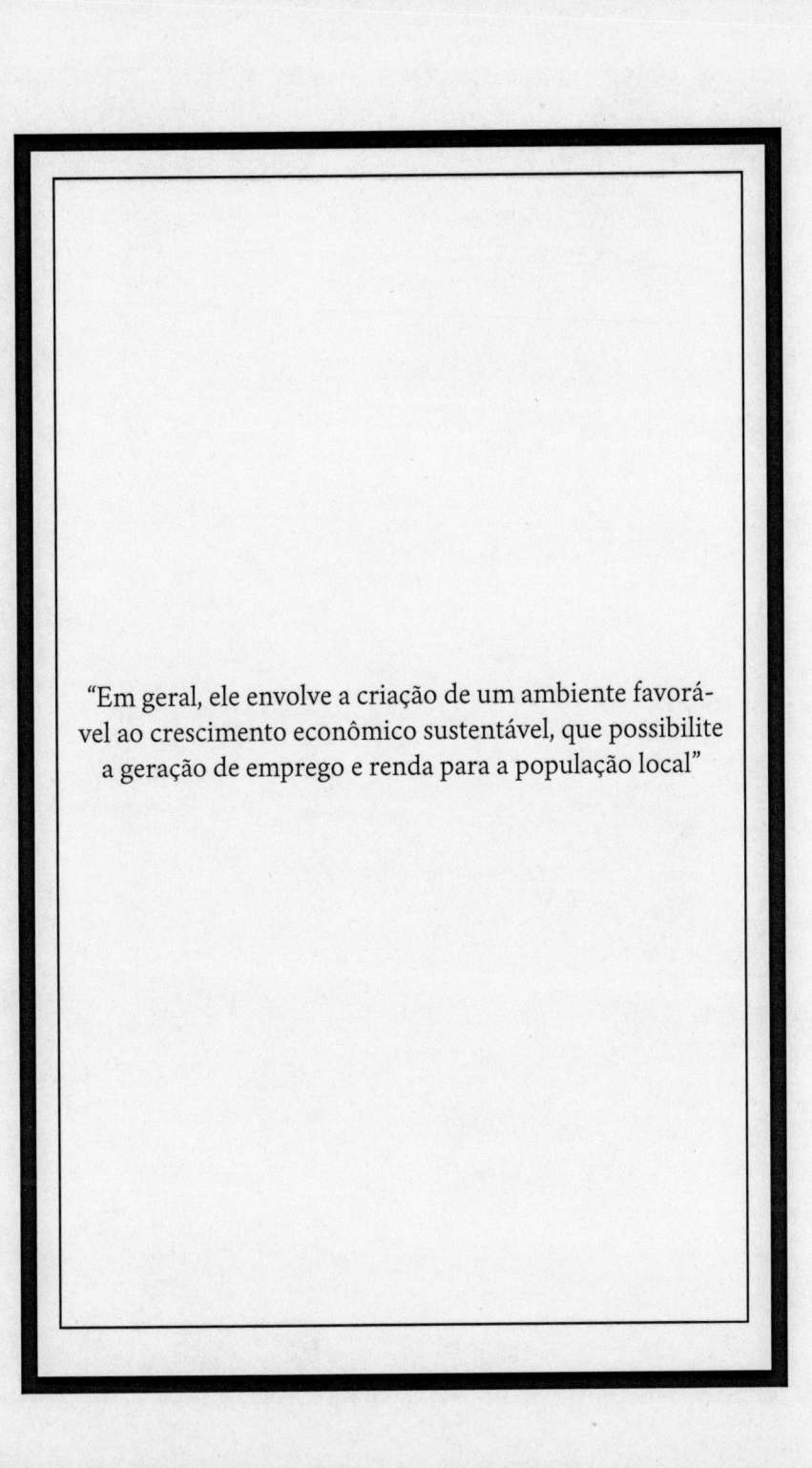

"Em geral, ele envolve a criação de um ambiente favorável ao crescimento econômico sustentável, que possibilite a geração de emprego e renda para a população local"

2
DESENVOLVIMENTO ECONÔMICO LOCAL

Desenvolvimento Econômico Local (DEL) é um processo de transformação econômica e social que ocorre em níveis locais, envolvendo atores locais, como empresas, organizações comunitárias, governos locais e outras partes interessadas, com o objetivo de criar empregos, aumentar a renda, melhorar a qualidade de vida e reduzir a pobreza em uma determinada área geográfica.

O DEL tem como base a ideia de que o desenvolvimento econômico não pode ser alcançado apenas por meio de políticas nacionais e internacionais, mas também por meio da mobilização e colaboração de atores locais para criar um ambiente propício para o crescimento econômico. O processo de DEL pode envolver uma ampla gama de atividades, como a criação de parques industriais, a promoção do empreendedorismo, a formação de parcerias público-privadas, a melhoria da infraestrutura e a promoção do turismo.

O objetivo final do DEL é aumentar a prosperidade local, promovendo o crescimento econômico de maneira sustentável e equitativa, melhorando as condições de vida e trabalho das pessoas na comunidade.

O Serviço Brasileiro de Apoio às Micro e Pequenas Empresas (Sebrae) também atua com estratégia e conceitos do DEL que ajudam no desenvolvimento econômico local, em uma metodologia cujo foco é potencializar os ativos dos territórios para a construção de estratégias competitivas dentro de um cenário de profundas e rápidas mudanças. Para isso, é proposto o uso de conceitos e métodos modernos e ágeis de planejamento a serem aplicáveis numa perspectiva de gestão territorial compartilhada que objetiva alcançar desenvolvimento econômico local de forma sustentável. A metodologia é apresentada, por exemplo, com as seguintes dimensões, as quais são trabalhadas individualmente: a) Capital Empreendedor; b) Tecido Empresarial; c) Governança para o Desenvolvimento; d) Organização Produtiva; e e) Inserção Competitiva.

2.1 - Como acontece o desenvolvimento econômico local

O desenvolvimento econômico local pode ocorrer de diversas formas, dependendo do contexto e das características da região em questão. Em geral, ele envolve a criação de um ambiente favorável ao crescimento econômico sustentável, que possibilite a geração de emprego e renda para a população local.

Algumas das principais estratégias que podem ser adotadas pelos municípios para promover o desenvolvimento econômico local são:

- Investimento em infraestrutura: a construção de estradas, pontes, portos, aeroportos, redes de energia elétrica e comunicações é fundamental para atrair empresas e facilitar o escoamento da produção.

- Estímulo à formação de capital humano: investimentos em educação e formação profissional são fundamentais para a criação de um ambiente propício à inovação e à competitividade.

- Incentivos fiscais e financeiros: a redução de impostos, a oferta de linhas de crédito e outros incentivos financeiros podem estimular a criação e a expansão de empresas locais.

- Promoção de parcerias público-privadas: a colaboração entre governo, empresas e sociedade civil pode ser uma forma eficaz de alavancar o desenvolvimento econômico local.

- Fomento ao empreendedorismo: a criação de um ambiente favorável ao empreendedorismo pode estimular a criação de novos negócios e a geração de empregos.
- Desenvolvimento de *clusters*: a formação de *clusters* empresariais, ou seja, a concentração geográfica de empresas que atuam em um mesmo setor ou atividade, pode gerar benefícios para toda a região, como a redução de custos e o compartilhamento de conhecimentos e recursos.
- Apoio a pequenas empresas: também é uma estratégia importante para promover o desenvolvimento econômico em municípios. Os governos locais podem oferecer financiamento e outros recursos para ajudar as pequenas empresas a crescerem e se estabelecerem na região. Alguns exemplos incluem a criação de incubadoras de empresas, programas de microcrédito, incentivos para *startups* e implantação da Lei de Liberdade Econômica (Lei nº 13.874, de 20 de setembro de 2019).
- Desenvolvimento do turismo: o turismo pode ser uma importante fonte de renda para muitos municípios, especialmente aqueles com recursos naturais ou culturais únicos. Os governos locais podem investir em infraestrutura turística, marketing e outros esforços para atrair visitantes para a região.

Faz-se importante ressaltar que o desenvolvimento econômico local não é um processo linear e depende de diversos fatores, como a cultura e as características da população local, a disponibilidade de recursos naturais, a localização geográfica, entre outros. É fundamental então que as estratégias adotadas levem em consideração as especificidades de cada região.

2.2 - Fatores que afetam o desenvolvimento econômico nos municípios

Para o sucesso das estratégias adotas, devemos então considerar como fatores que afetam o desenvolvimento econômico dos municípios: localização geográfica, infraestrutura, políticas públicas, capital humano, criação de novas empresas e indústrias, expansão de empresas existentes, atração de investimentos externos, desenvolvimento de infraestrutura e investimento em capital humano. Vejamos a seguir os quatro primeiros:

- Localização geográfica: a localização de um município pode afetar a disponibilidade de recursos naturais, o acesso a mercados e o fluxo de comércio. Por exemplo, um município com uma localização privilegiada pode ter mais oportunidades de exportação e acesso a novos mercados, o que pode estimular o crescimento econômico.

- Infraestrutura: a qualidade da infraestrutura, como rodovias, aeroportos, portos e telecomunicações, pode influenciar significativamente a capacidade de um município atrair investimentos e desenvolvimento econômico. Uma infraestrutura inadequada pode limitar a capacidade de transporte de mercadorias e serviços, prejudicando o desenvolvimento econômico.

- Políticas públicas: elas também desempenham um papel importante no desenvolvimento econômico dos municípios. Políticas favoráveis aos negócios, como incentivos fiscais, subsídios e regulamentação adequada, podem atrair investimentos e ajudar a impulsionar o crescimento econômico.

- Capital humano: a disponibilidade de capital humano qualificado é essencial para o desenvolvimento econômico. Os municípios com uma força de trabalho mais qualificada, com habilidades e conhecimentos relevantes para as indústrias locais, têm mais chances de atrair investimentos e gerar empregos de alta qualidade.

O desenvolvimento econômico em um município acontece quando há um aumento da produção, do emprego e da renda local. Isso pode ocorrer por meio de investimentos em setores-chave, políticas públicas favoráveis aos negócios, desenvolvimento de infraestrutura e capital humano, bem como pela atração de investimentos externos.

Algumas das formas como o desenvolvimento econômico pode acontecer em um município também incluem:

- Criação de novas empresas e indústrias: pode aumentar a produção, gerar empregos e aumentar a renda local.
- Expansão de empresas existentes: também pode gerar empregos e aumentar a produção, sem a necessidade de criar novas empresas. Aqui é importante identificar as vocações do território.
- Atração de investimentos externos: pode ajudar a financiar o desenvolvimento de novos empreendimentos e a criação de empregos.
- Desenvolvimento de infraestrutura: a melhoria da infraestrutura pode facilitar a atração de novos negócios e indústrias, bem como aumentar a eficiência da produção e do comércio local.
- Investimento em capital humano: feito por meio de programas de treinamento e educação empreendedora, ele pode aumentar a qualidade da força de trabalho local e atrair negócios que exigem habilidades mais especializadas.

2.3 – Desafios para promoção do desenvolvimento econômico

Alguns dos maiores desafios que os municípios enfrentam na promoção do desenvolvimento econômico são:

1. Infraestrutura inadequada: a falta de infraestrutura adequada, como estradas, energia elétrica, água e esgoto, pode dificultar a atração de investimentos e o desenvolvimento de setores econômicos. Os municípios precisam investir em infraestrutura básica para atrair empresas e promover o desenvolvimento econômico.
2. Baixa qualificação da mão de obra: a falta de trabalhadores qualificados pode dificultar a atração de empresas e o desenvolvimento de setores econômicos que requerem mão de obra especializada. Os municípios precisam investir em educação e capacitação para formar uma mão de obra qualificada e atrair investimentos.
3. Dependência de setores econômicos específicos: alguns municípios dependem de setores econômicos específicos, como agricultura ou mineração, o que pode torná-los vulneráveis às flutuações de mercado. Os municípios precisam diversificar a economia para reduzir a dependência de setores específicos e aumentar a resiliência econômica.
4. Falta de recursos financeiros: os municípios muitas vezes têm recursos financeiros limitados para investir em desenvolvimento econômico. Eles precisam buscar parcerias público-privadas, programas de financiamento e outras fontes de recursos para promover o desenvolvimento econômico.
5. Concorrência com outros municípios: os municípios muitas vezes competem entre si pela atração de empresas e investimentos. Eles precisam desenvolver estratégias eficazes de marketing e promoção para se destacar em relação aos outros municípios e atrair investimentos.

Esses são apenas alguns exemplos de desafios que os municípios podem enfrentar na promoção do desenvolvimento econômico. É importante que os municípios estejam cientes desses desafios e desenvolvam estratégias eficazes para superá-los.

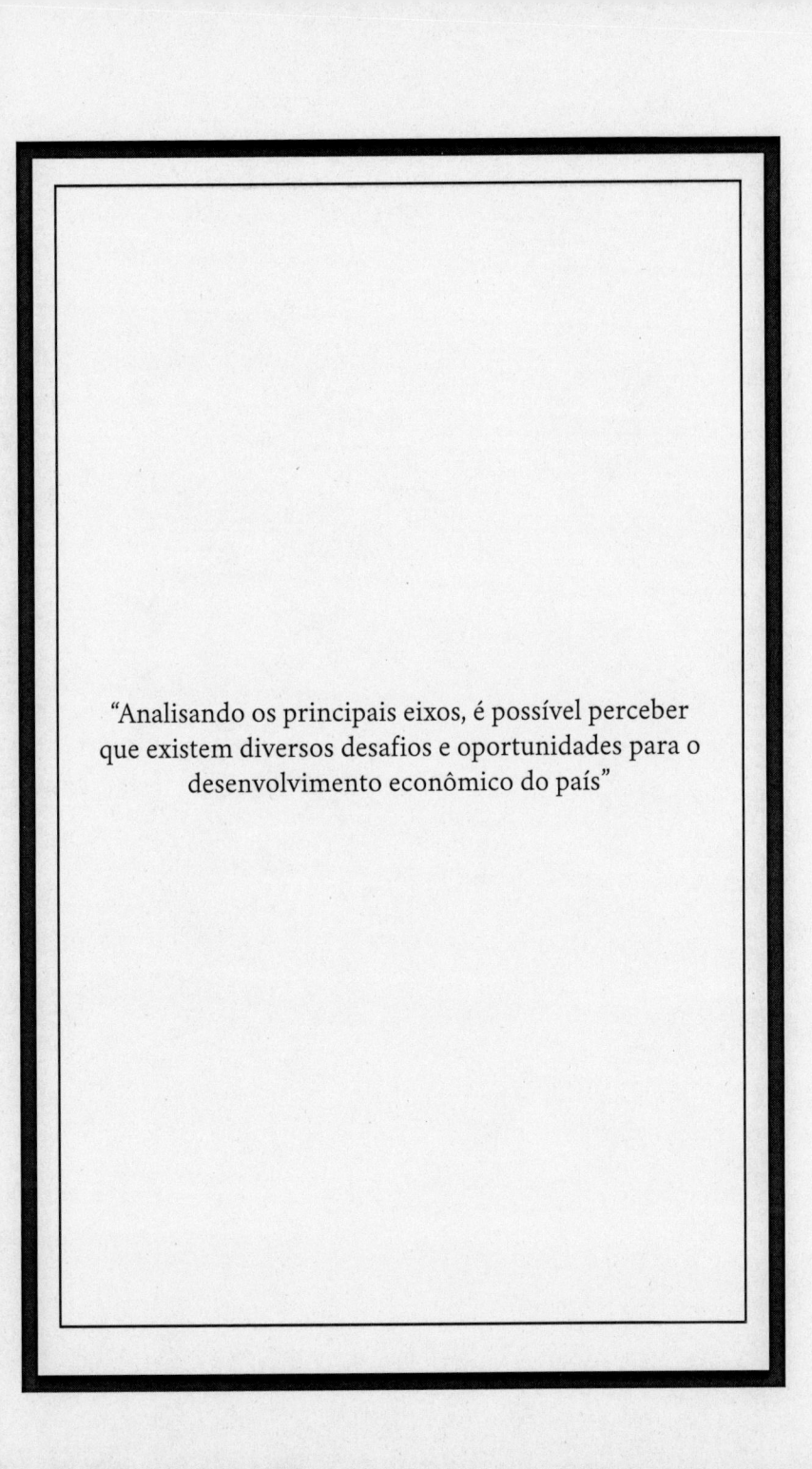

"Analisando os principais eixos, é possível perceber que existem diversos desafios e oportunidades para o desenvolvimento econômico do país"

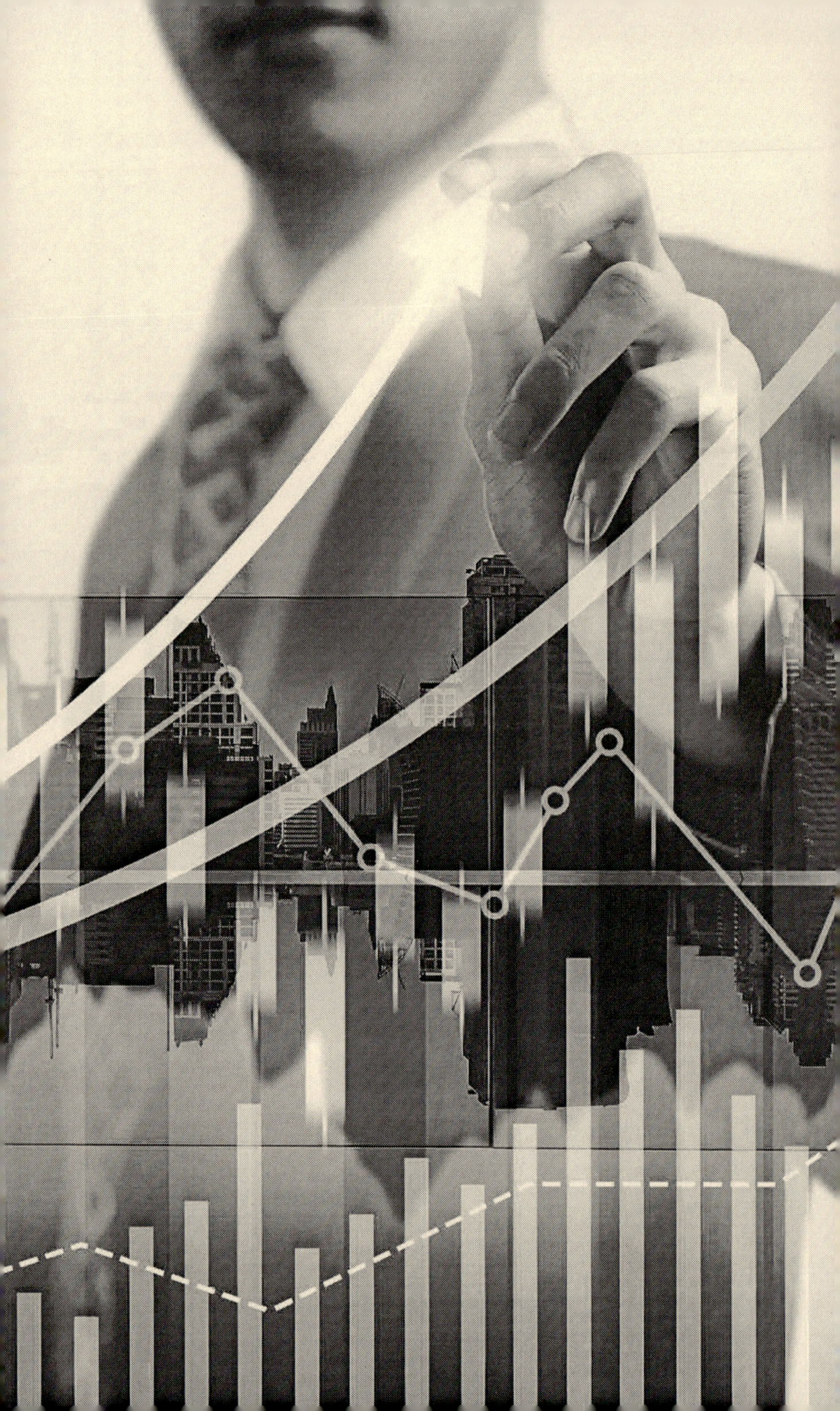

3
PANORAMA ECONÔMICO BRASILEIRO

O cenário econômico é extremamente dinâmico e influenciado por diversos fatores, como: políticas governamentais; desempenho da indústria; comércio internacional; investimentos; taxa de câmbio; inflação; taxa de empregos; taxa básica de juros; entre outros.

Para obter informações precisas e atualizadas sobre o desenvolvimento econômico do Brasil para tomada de decisões, recomenda-se sempre consultar fontes confiáveis, como relatórios de instituições financeiras, órgãos governamentais e organizações internacionais.

Algumas fontes que podem ser úteis para obter informações sobre a economia brasileira incluem o Banco Central do Brasil, o Instituto Brasileiro de Geografia e Estatística (IBGE), o Ministério da Economia e organizações como o Fundo Monetário Internacional (FMI) e a Organização para a Cooperação e Desenvolvimento Econômico (OCDE). Essas instituições costumam divulgar relatórios e análises detalhadas e atualizadas sobre a economia do país.

Veja a seguir um exemplo do indicador que retrata a inflação no período de 2022 e início de 2023:

Após encerrar 2022 com alta de 5,8%, recuando fortemente em relação ao observado em 2021 (10,18%), a inflação medida pelo Índice de Preços ao Consumidor Amplo (IPCA) manteve sua trajetória de desaceleração de modo que, no acumulado em 12 meses, até fevereiro de 2023, a taxa já era de 5,6%.

MAIS ALGUNS INDICADORES IMPORTANTES

- Taxa de desemprego: segundo a revista Exame, a taxa média de desemprego no Brasil encerrou 2022 em 9,3% após atingir 13,2% em 2021 (MARTINS, 2023).
- Taxa básica de juros: Com a manutenção da taxa básica de juros (Selic) a 13,75% na reunião do Comitê de Política Monetária (Copom) https://www.bcb.gov.br/controleinflacao/copom, o Brasil se mantém na primeira posição do ranking dos juros reais (BCB, 2023). A taxa real está em 7,38%, descontando a projeção de inflação para os próximos 12 meses, que é 5,7%, segundo o relatório Focus, elaborado pelo Banco Central junto a economistas de bancos e de gestoras.
- Confiança do consumidor: segundo a Fundação Getúlio Vargas (FGV), o Índice de Confiança do Consumidor (ICC) do FGV IBRE subiu 2,7% em dezembro, chegando a 88%, após cair nos últimos dois meses. Em médias móveis trimestrais, o índice recua 03% para 87,3% após subir nos últimos cinco meses (com base em março 2023: https://portalibre.fgv.br/).

Estes indicadores apresentados, retratam um pouco do panorama econômico brasileiro e como um desenvolvimento econômico sustentável pode mudar a realidade destes indicadores.

3.1 Principais desafios e oportunidades para o desenvolvimento econômico do país

Analisando os principais eixos, é possível perceber que existem diversos desafios e oportunidades para o desenvolvimento econômico do país. Alguns dos principais desafios são:

- Desigualdade social: é um problema grave no Brasil e representa um grande obstáculo para o desenvolvimento econômico. A redução da desigualdade é importante para garantir que a economia seja mais inclusiva e sustentável.
- Infraestrutura inadequada: é um obstáculo para o desenvolvimento econômico. O país precisa investir em infraestrutura mais arrojada, principalmente em relação ao que foi visto na seção 2.1.
- Baixa produtividade: a produtividade é baixa no Brasil em comparação com outros países da América Latina e outros países emergentes. É importante investir em educação, tecnologia e inovação para melhorar a produtividade e a competitividade das empresas.
- Dificuldades na área fiscal: o país enfrenta dificuldades na área fiscal, com um alto déficit público e uma dívida crescente. É importante que o governo adote medidas para controlar o déficit e reduzir a dívida, como a reforma da previdência e a redução dos gastos públicos.
- Dependência de *commodities*: a economia brasileira é fortemente dependente da exportação de *commodities*, como soja, minério de ferro e petróleo. É importante diversificar a economia e investir em setores com maior valor agregado, como tecnologia, serviços e indústria.

3.2 – Oportunidades para o desenvolvimento econômico do país

Algumas das principais oportunidades para o desenvolvimento econômico do país são:

- Demografia favorável: o Brasil possui uma população jovem e em crescimento, o que pode impulsionar o consumo e o investimento no país.
- Recursos naturais abundantes: o país possui recursos naturais diversificados e abundantes, como petróleo, minério

de ferro, água doce e terras férteis, que podem ser explorados para impulsionar o desenvolvimento econômico.

- Potencial turístico: o Brasil possui um rico potencial turístico, com uma grande diversidade de atrativos, como praias, florestas, cidades históricas e cultura. O turismo pode ser uma fonte importante de divisas e de geração de empregos.
- Setor de serviços em expansão: o setor de serviços é um setor em expansão no Brasil e representa uma grande oportunidade para o desenvolvimento econômico.
- Crescente demanda interna: o mercado interno brasileiro é grande e está em crescimento, o que pode ser uma oportunidade para empresas nacionais e internacionais que desejam investir no país.

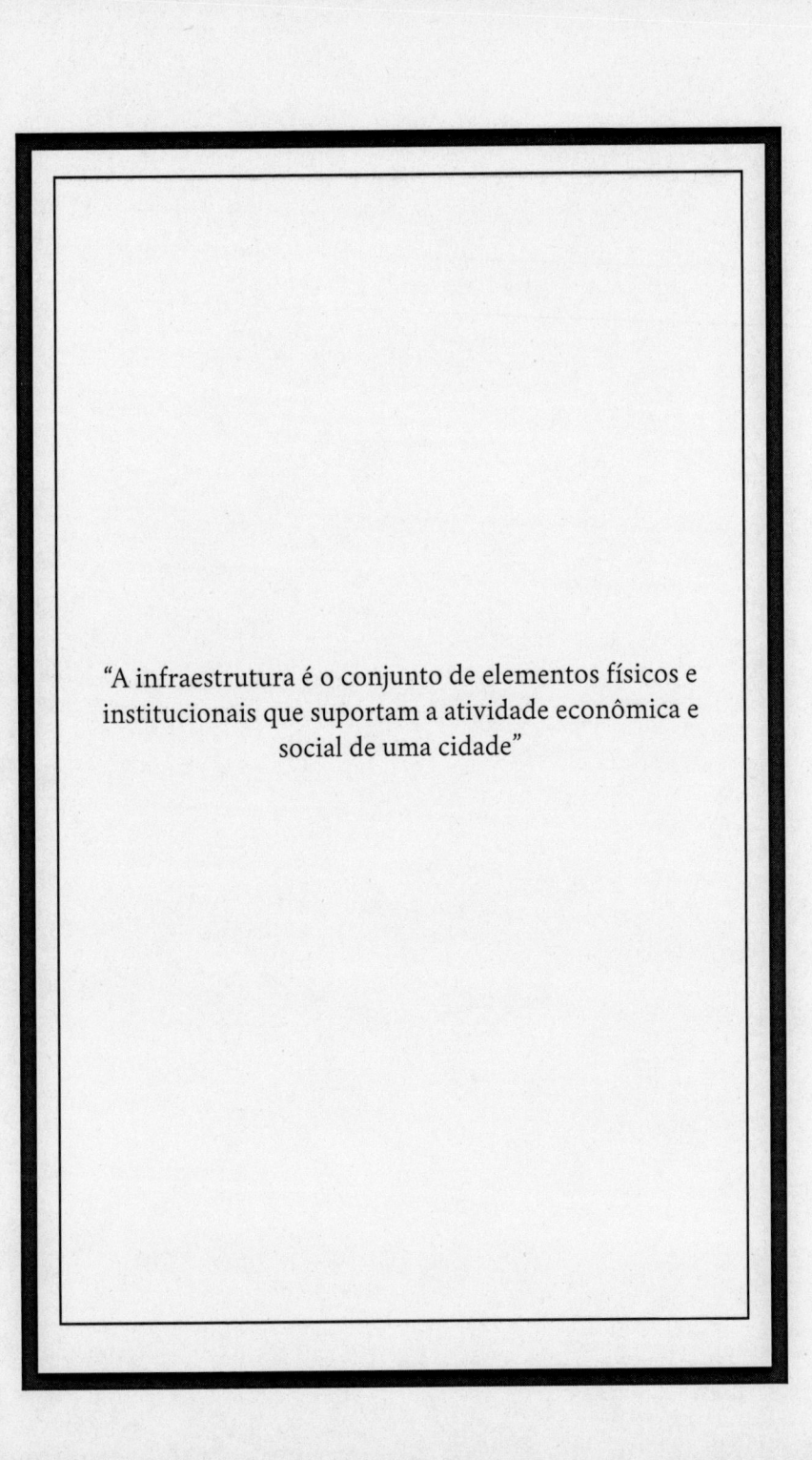

"A infraestrutura é o conjunto de elementos físicos e institucionais que suportam a atividade econômica e social de uma cidade"

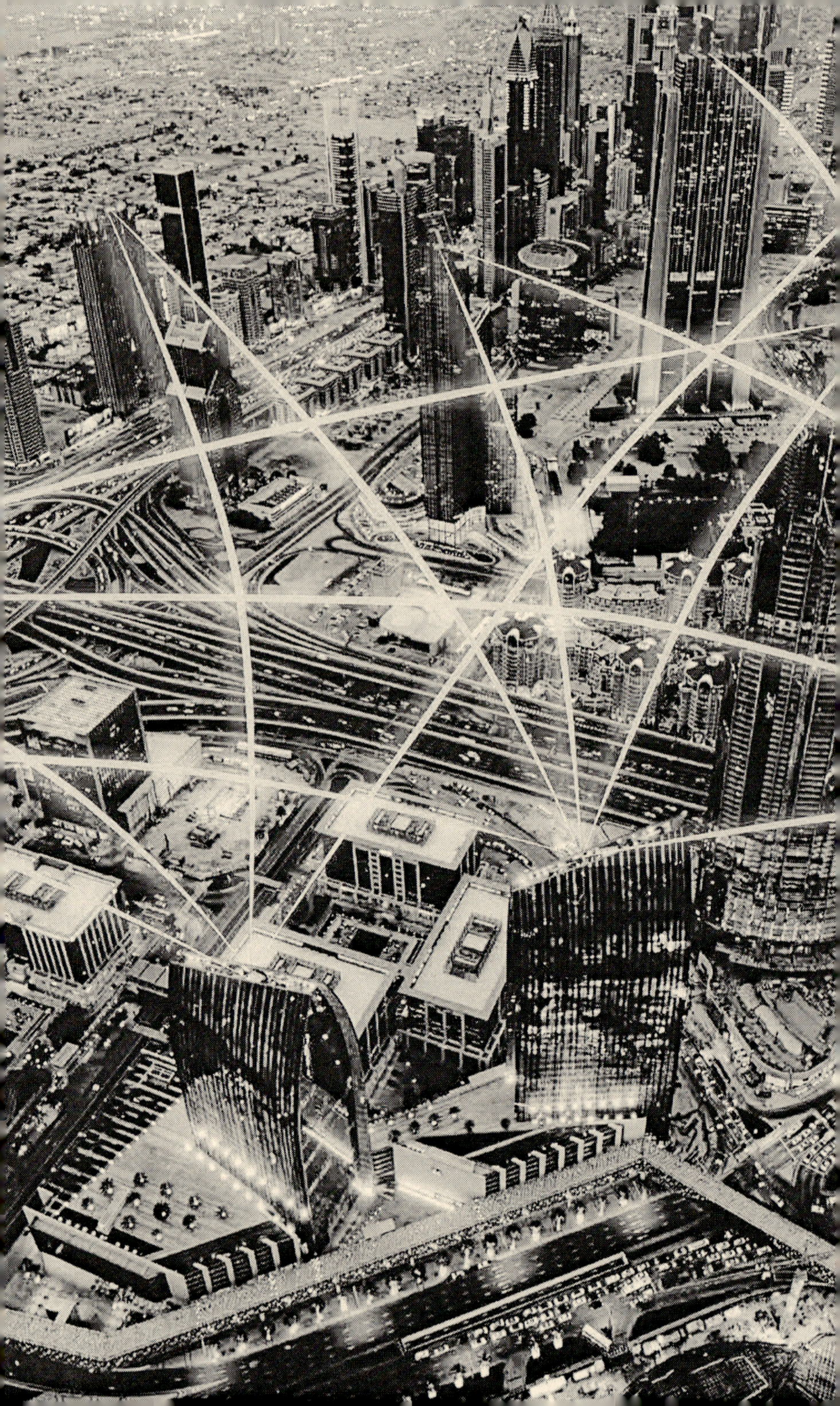

4
O PAPEL DAS CIDADES NO DESENVOLVIMENTO ECONÔMICO BRASILEIRO

As cidades desempenham um papel fundamental no desenvolvimento econômico de um país. Elas são centros de atividade econômica, onde a produção, o comércio, os serviços e a inovação são concentrados e onde há uma maior densidade de pessoas e empresas.

As cidades oferecem uma série de vantagens competitivas para as empresas, como acesso a uma infraestrutura de transporte e comunicação mais desenvolvida, mão de obra especializada, fornecedores e clientes próximos, entre outros fatores. Essas vantagens permitem que as empresas operem com mais eficiência e competitividade, o que pode levar a um aumento da produtividade e da rentabilidade.

Além disso, as cidades são locais de inovação e empreendedorismo, onde há uma maior concentração de recursos e talentos. Isso pode levar ao surgimento de novas empresas e setores econômicos, bem como à criação de novas tecnologias e produtos.

O desenvolvimento econômico das cidades também pode ter um efeito multiplicador na economia nacional. Por exemplo, o aumento da atividade econômica nas cidades pode levar a um aumento da arrecadação de impostos, que podem ser usados para financiar investimentos em infraestrutura e programas sociais.

Portanto, as cidades desempenham um papel fundamental no desenvolvimento econômico do país, oferecendo vantagens competitivas para as empresas, promovendo a inovação e o empreendedorismo e tendo um efeito multiplicador na economia nacional.

4.1 - Como as cidades com políticas públicas corretas contribuem para o desenvolvimento econômico do país

- Concentração de atividades econômicas: as cidades são centros de produção, comércio e serviços, concentrando uma variedade de atividades econômicas em um só lugar. Isso aumenta a eficiência na produção, distribuição e consumo de bens e serviços.

- Mão de obra especializada: as cidades atraem uma grande quantidade de trabalhadores qualificados, fornecendo mão de obra especializada e capacitada para as empresas que nelas operam.

- Infraestrutura desenvolvida: as cidades possuem uma infraestrutura desenvolvida, incluindo transportes, energia, telecomunicações, saúde, educação e serviços públicos, facilitando a produção, distribuição e consumo de bens e serviços.

- Inovação e empreendedorismo: as cidades são locais de inovação e empreendedorismo, onde novas empresas e setores econômicos podem surgir, além de estimularem o desenvolvimento tecnológico e a criação de novos produtos.

- Geração de renda: as atividades econômicas nas cidades geram renda e emprego, aumentando a arrecadação de impostos e contribuindo para o crescimento econômico do país.

- Atração de investimentos: as cidades são polos de atração de investimentos, nacionais e internacionais, incentivando o desenvolvimento de novos empreendimentos e oportunidades de negócios.

4.2 - Importância da infraestrutura, inovação e tecnologia nas cidades

O desenvolvimento econômico de uma cidade depende de vários fatores, entre eles a infraestrutura. A infraestrutura é o conjunto de elementos físicos e institucionais que suportam a atividade econômica e social de uma cidade, o que inclui, como já mencionado, desde estradas e transportes públicos até sistemas de água, energia e telecomunicações.

O desenvolvimento de infraestrutura em uma cidade pode ser um grande desafio, pois envolve a coordenação de várias áreas, incluindo o setor público, o setor privado e a comunidade. No entanto, existem algumas etapas que podem ser seguidas para ajudar a desenvolver a infraestrutura de uma cidade que busca o desenvolvimento econômico, como:

1. Identificar as necessidades: antes de desenvolver a infraestrutura, é importante entender quais são as necessidades da cidade. Isso pode envolver a realização de estudos e pesquisas para identificar as áreas que precisam de melhorias. Essas áreas podem incluir o transporte público, as estradas, as redes de energia e telecomunicações, e outros serviços básicos, tais como saúde e educação.

2. Estabelecer prioridades: depois de identificar as necessidades, é importante estabelecer prioridades para desenvolver a infraestrutura. Isso pode envolver a definição de metas e objetivos específicos, bem como a criação de um plano de ação para atingir essas metas.

3. Alocar recursos: desenvolver infraestrutura requer recursos financeiros significativos. É importante que a cidade identifique as fontes de financiamento para o desenvolvimento da infraestrutura. Isso pode incluir a obtenção de financiamento do Governo Federal ou estadual, a criação de parcerias público-privadas ou outras fontes de financiamento.

4. Desenvolver projetos: com as prioridades e os recursos definidos, é hora de começar a desenvolver projetos específicos de infraestrutura. Isso pode envolver a contratação de empresas para realizar as obras, a criação de programas de incentivo para a participação de empresas privadas e a mobilização da comunidade para apoiar os projetos.
5. Monitorar e avaliar: finalmente, é importante monitorar e avaliar os projetos de infraestrutura para garantir que eles estejam sendo desenvolvidos de forma eficiente e eficaz. Isso pode envolver a realização de avaliações regulares para medir o progresso e a efetividade dos projetos, bem como a adaptação do plano de ação de acordo com as necessidades e mudanças de situação.

O desenvolvimento de infraestrutura em uma cidade que busca o desenvolvimento econômico pode ser um processo desafiador, mas é essencial para criar uma base sólida para a atividade econômica e social. Seguindo essas etapas, as cidades podem desenvolver infraestruturas que atendam às necessidades de seus residentes e apoiem o crescimento econômico a longo prazo.

4.3 - Exemplos de cidades brasileiras que se destacam no desenvolvimento econômico

Existem muitos exemplos de sucesso de desenvolvimento de políticas públicas para cidades que buscam o desenvolvimento econômico. Um exemplo que pode ser citado é a cidade de Curitiba, no estado do Paraná, Brasil.

Curitiba é conhecida por sua excelência em planejamento urbano, transporte e desenvolvimento sustentável. Nos anos de 1970, a cidade enfrentava problemas sérios de mobilidade urbana e congestionamento do tráfego, o que afetava a qualidade de vida dos cidadãos e o desenvolvimento econômico da região.

Para enfrentar esses desafios, a prefeitura de Curitiba implementou várias políticas públicas, incluindo a criação do sistema de transporte rápido de ônibus (BRT), que se tornou um modelo para outras cidades em todo o mundo. O BRT de Curitiba é conhecido por sua eficiência e rapidez e contribuiu para reduzir significativamente o tempo de viagem e o congestionamento do tráfego na cidade.

Além disso, a Prefeitura de Curitiba implementou uma série de políticas públicas voltadas para o desenvolvimento sustentável, como a coleta seletiva de lixo, o incentivo ao uso de bicicletas como meio de transporte e a preservação de áreas verdes. Essas políticas contribuíram para melhorar a qualidade de vida dos cidadãos e atraíram novos investimentos para a cidade. Graças a essas políticas públicas, Curitiba tornou-se uma das cidades mais desenvolvidas do Brasil e uma referência em planejamento urbano e desenvolvimento sustentável. O sucesso da cidade é um exemplo de como as políticas públicas podem ser usadas para promover o desenvolvimento econômico e melhorar significativamente a qualidade de vida dos cidadãos.

Existem, ainda, vários exemplos de municípios que promoveram com sucesso o desenvolvimento econômico em todo o mundo. Aqui estão alguns exemplos:

- Hangzhou, China: é uma cidade que se tornou um polo tecnológico graças a sua política de investimento em *startups* e empresas de tecnologia. A cidade é o lar de várias empresas importantes, incluindo a gigante do comércio eletrônico Alibaba.
- Recife, Pernambuco: o Porto Digital é um parque tecnológico localizado nessa cidade, que se tornou um importante centro de tecnologia e inovação no Brasil. O parque é o lar de mais de 300 empresas e emprega mais de 10.000 pessoas.
- Medellín, Colômbia: é uma cidade que passou por uma transformação radical nos últimos anos, devido a uma série de políticas públicas voltadas para o desenvolvimento econômico e social. A cidade tornou-se um centro de inovação e empreendedorismo, atraindo empresas de tecnologia e investimentos em infraestrutura.

- Helsingborg, Suécia: é uma cidade que adotou uma abordagem inovadora para o desenvolvimento econômico, com um foco especial no empreendedorismo social. A cidade criou um centro de negócios social que oferece suporte para *startups* e empresas sociais.
- Uberlândia, Minas Gerais: é uma cidade localizada no Triângulo Mineiro que tem se destacado como um polo de desenvolvimento econômico na região. A cidade tem uma economia diversificada, com setores fortes em comércio, serviços, indústria e agronegócio. Além disso, Uberlândia tem investido em infraestrutura e atração de investimentos, o que tem gerado a atração de grandes empresas para a cidade.
- Três Pontas, Minas Gerais: é uma pequena cidade localizada no Sul de Minas, que se destacou por muitos anos como uma cidade produtora de café e uma das maiores do mundo no segmento. Ainda continua com esse título, entretanto, com a Criação do Conselho de Desenvolvimento Econômico (Condes) e a aproximação dos agentes públicos, iniciativa privada, entidades empresariais, Associação comercial, Sistema S e comunidade, a cidade começou uma nova história, com a ampliação da infraestrutura, investimentos na saúde, educação empreendedora e, como consequência, um novo polo fabril, como os setores de plásticos e confecções, diversificando a economia e tornando uma cidade mais competitiva, com melhor qualidade de vida, além do foco em seus maiores atributos para atração do turismo, denominados de *Café, Música* e *Fé*.
- Varginha, Minas Gerais: pode ser considerada um exemplo de desenvolvimento econômico. A cidade foi a primeira do estado de Minas a implementar a Lei de Liberdade Econômica com o decreto de liberdade econômica, numa parceria inédita com a Secretaria de Desenvolvimento do Estado de Minas Gerais (Sede), que tem como foco a

desburocratização e o incentivo ao empreendedorismo. Como resultado, foi a cidade que mais gerou empregos no Sul de Minas, dentre as cidades acima de 100 mil habitantes, em 2022. Hoje a cidade tem uma economia diversificada, com setores fortes em comércio, serviços, indústria e agronegócio. Além disso, Varginha tem investido de forma contundente em infraestrutura e atração de investimentos, o que tem atraído grandes empresas para a cidade. Além disso, Varginha é conhecida por ser o maior centro exportador de café e ter em seu DNA a instituição Fundação Procafé, que é uma referência em tecnologia e conhecimento cafeeiro no Brasil. A cidade também tem um forte setor industrial, com destaque para a produção de alimentos, metalurgia e autopeças além de ter o Porto Seco do Sul de Minas, que sé o grande vetor de desenvolvimento na cidade e, ao seu redor, o maior *hub* de distribuição de fármacos e cosméticos do Brasil, tendo aqui como destaque a Eurofarma, Grupo Santa Cruz, LIBBS e Grupo Boticário. Portanto, a cidade de Varginha, no sul de Minas Gerais, pode ser considerada um exemplo de desenvolvimento econômico, com um ambiente favorável aos negócios e investimentos, à diversificação econômica e atração de empresas inovadoras para a região. Importante mencionar a equidistância de Varginha das capitais, em média de 300 quilômetros, de São Paulo, Belo Horizonte e Rio de Janeiro.

Esses são apenas alguns exemplos de municípios que promoveram com sucesso o desenvolvimento econômico. Cada uma dessas cidades teve suas próprias estratégias e políticas públicas que levaram ao seu sucesso, mas todas compartilham uma visão de futuro e um compromisso com a inovação e o empreendedorismo.

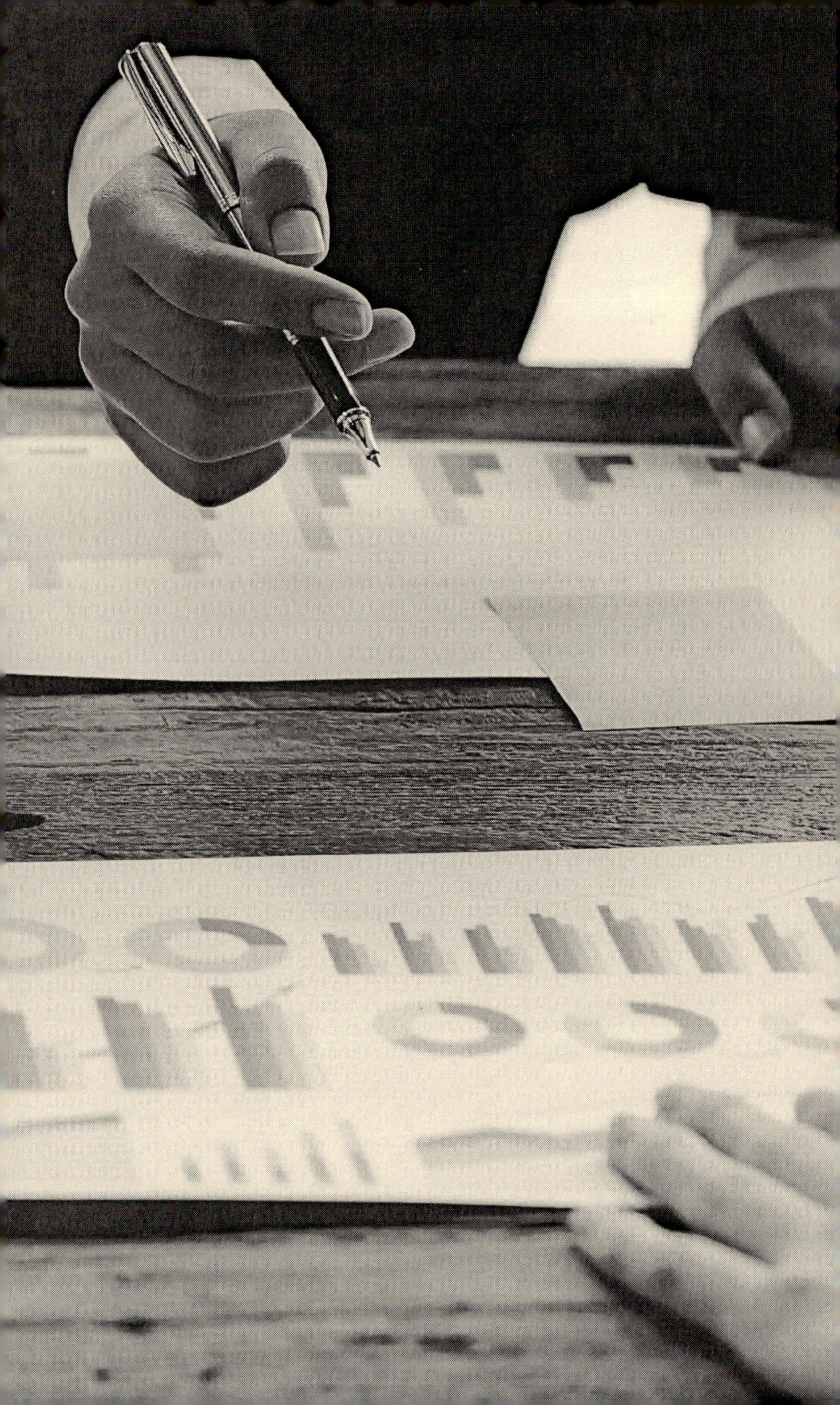

5
ANÁLISE DAS ESTRATÉGIAS E POLÍTICAS PÚBLICAS ADOTADAS PELAS CIDADES PARA ESTIMULAR O DESENVOLVIMENTO ECONÔMICO

O desenvolvimento de uma cidade é um processo complexo que requer a colaboração de diversos atores e setores da sociedade. Para alcançar esse objetivo, muitas cidades estão buscando estabelecer parcerias estratégicas com empresas, organizações sem fins lucrativos e outras instituições. Neste momento, será discutido sobre como estabelecer uma governança sólida e bem alinhada, além de parcerias estratégicas para o desenvolvimento de uma cidade.

- **Defina seus objetivos de desenvolvimento**

    Antes de buscar uma parceria estratégica, é importante definir os objetivos de desenvolvimento da cidade. Quais são as principais áreas que precisam ser desenvolvidas? Quais são os principais desafios enfrentados pela cidade? Uma vez que esses objetivos forem definidos, você terá uma base sólida para buscar uma parceria estratégica.

- **Estabeleça a governança**

    A governança consiste na aplicação de um conjunto de práticas, regras, costumes e processos que visam organizar todo o processo e facilitar o desenvolvimento econômico. Esse conjunto deve envolver todas as pessoas que fazem parte do projeto de desenvolvimento, ou seja, parceiros, gestores, empreendedores, até mesmo fornecedores. Uma boa governança realiza uma execução eficiente e eficaz. Além de ajudar todos os envolvidos a compreender, monitorar e implementar as políticas e procedimentos necessários para alcançar os melhores resultados, ela serve como um guia de apoio para que as ações sejam conduzidas conforme as exigências e regulamentações, evitando riscos como: desvios de estratégia, corrupção, ausência de prestação de contas e falta de cumprimento das normas. E, obviamente, ajuda a garantir o cumprimento das leis e proteger os interesses dos parceiros, assim como os da comunidade.

- **Identifique possíveis parceiros**

    Depois de definir seus objetivos de desenvolvimento, é hora de identificar possíveis parceiros. Você pode começar procurando empresas locais que estejam alinhadas com seus objetivos de desenvolvimento. Organizações sem fins lucrativos também podem ser boas parceiras, especialmente se estiverem envolvidas em questões relacionadas ao desenvolvimento da cidade.

- **Estabeleça um diálogo**

    Depois de identificar possíveis parceiros, é hora de estabelecer um diálogo com eles. Uma boa maneira de fazer isso é enviar um e-mail ou ligar para a empresa ou organização para explicar seus objetivos de desenvolvimento e perguntar se eles estariam interessados em discutir uma possível parceria.

- **Desenvolva um plano de parceria**

    Se a empresa ou organização estiver interessada em discutir uma parceria, é importante desenvolver um plano de parceria. Este plano deve incluir os objetivos da parceria, as atividades que serão realizadas e os recursos que serão necessários. Também é importante definir quais serão as responsabilidades de cada parceiro.

- **Assine um acordo**

    Depois de desenvolver um plano de parceria, é hora de assinar um acordo, que deverá definir claramente os termos da parceria, incluindo as responsabilidades de cada parceiro, o orçamento e o cronograma das atividades. Certifique-se de que todas as partes envolvidas concordem com o acordo antes de assiná-lo.

- **Avalie o progresso**

    Por fim, é importante avaliar o progresso da parceria regularmente. Isso ajudará a garantir que a parceria esteja cumprindo seus objetivos e a fazer ajustes, se necessário. Também é importante reconhecer o trabalho realizado pelos parceiros e comemorar as conquistas.

    Estabelecer parcerias estratégicas é uma maneira eficaz de impulsionar o desenvolvimento de uma cidade. Ao seguir esses passos, você pode estabelecer parcerias que ajudarão a alcançar seus objetivos de desenvolvimento e tornar sua cidade um lugar melhor para se viver.

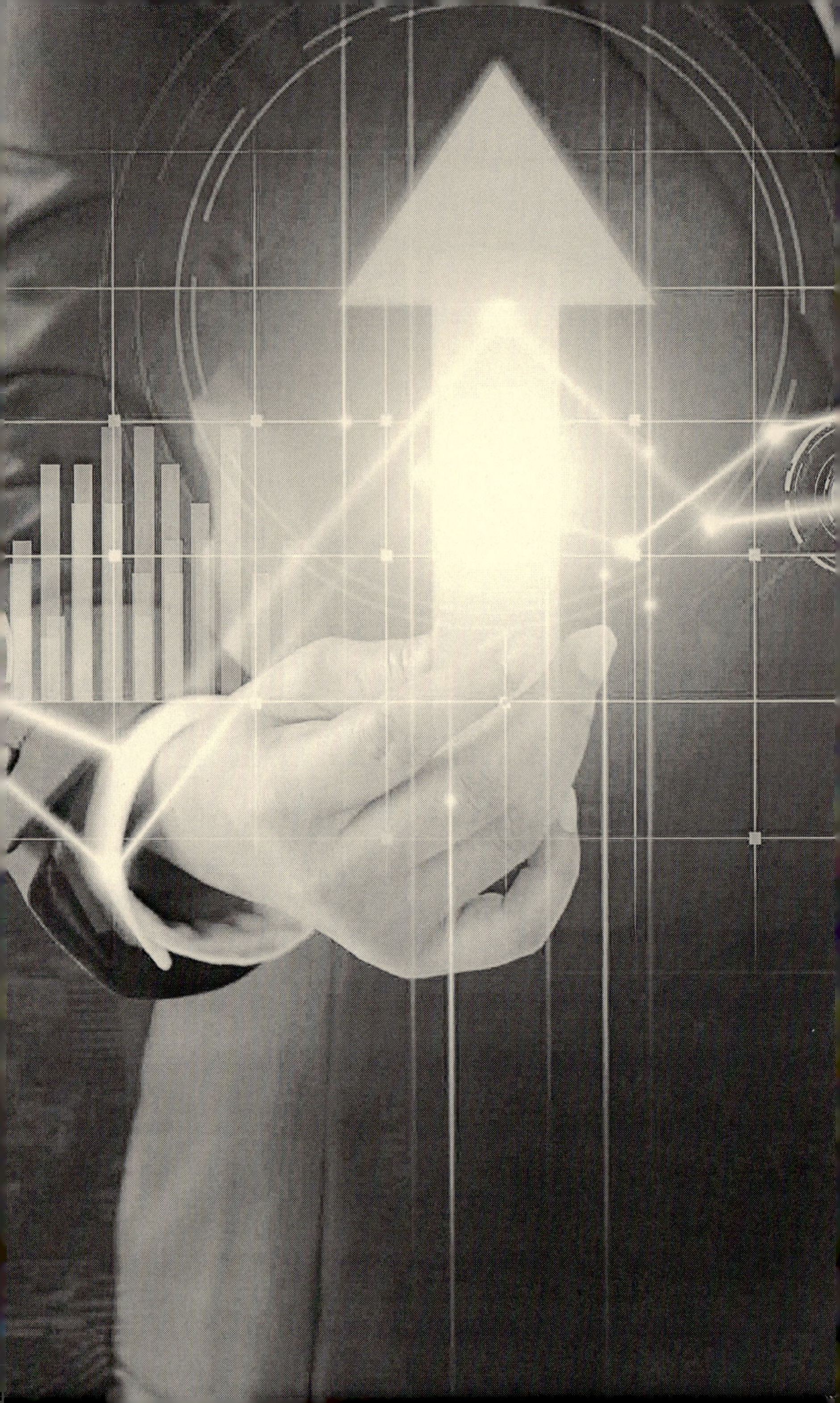

6
O PAPEL DO EMPREENDEDORISMO NO DESENVOLVIMENTO ECONÔMICO DAS CIDADES

Neste capítulo será abordado sobre como o empreendedorismo pode impulsionar o desenvolvimento econômico das cidades. Para ter sucesso, os empreendedores precisam de uma série de recursos e habilidades. Algumas das características mais importantes incluem:

- Visão clara: os empreendedores precisam de uma visão clara do que desejam realizar. Devem ter um objetivo bem definido em mente e um plano sólido para alcançá-lo.
- Habilidades de liderança: a capacidade de liderar e motivar uma equipe é uma habilidade crítica para o sucesso empresarial. Os empreendedores devem ser capazes de inspirar sua equipe e manter todos motivados em direção ao objetivo comum.
- Resiliência: a jornada empreendedora pode ser difícil e desafiadora, por isso, é essencial ter resiliência. Empreendedores precisam ser capazes de lidar com fracassos e rejeições, superar e continuar trabalhando em direção aos seus objetivos.
- Conhecimento de mercado: conhecer o mercado e entender suas tendências e mudanças é essencial para manter-se à frente da concorrência. Os empreendedores devem

ser capazes de identificar oportunidades de negócios e inovações.

- Rede de contatos: ter uma rede de contatos é fundamental para qualquer empresário. Isso pode incluir mentores, investidores, fornecedores e outros empreendedores. Uma rede sólida pode ajudar a fornecer suporte, conhecimento e conexões para o sucesso empresarial.

A cidade também pode desempenhar um papel importante em ajudar os empreendedores a ter sucesso. Algumas das maneiras pelas quais a cidade pode ajudar incluem:

- Acesso a recursos: a cidade pode fornecer acesso a recursos, como programas de treinamento, incubadoras de negócios, programas de financiamento e outras ferramentas que os empreendedores precisam para começar e manter seus negócios.

- Ambiente regulatório favorável: uma cidade que oferece um ambiente regulatório favorável pode facilitar a criação e o crescimento de novos negócios. Regulamentações e leis claras e equilibradas podem ajudar a proteger os negócios e incentivar o empreendedorismo.

- Suporte para iniciativas empresariais locais: uma cidade pode apoiar iniciativas empresariais locais, como mercados de agricultores, eventos de negócios nos mais variados segmentos, feiras e exposições, que podem ajudar os empreendedores a promover e expandir seus negócios.

- Infraestrutura: a cidade pode fornecer uma infraestrutura sólida que ajuda os empreendedores a crescer seus negócios, como acesso à banda larga, transporte público e espaços de trabalho acessíveis.

Ao fornecer esses recursos e suporte, a cidade pode ajudar a criar um ambiente favorável para o empreendedorismo e ajudar os empreendedores a alcançarem o sucesso.

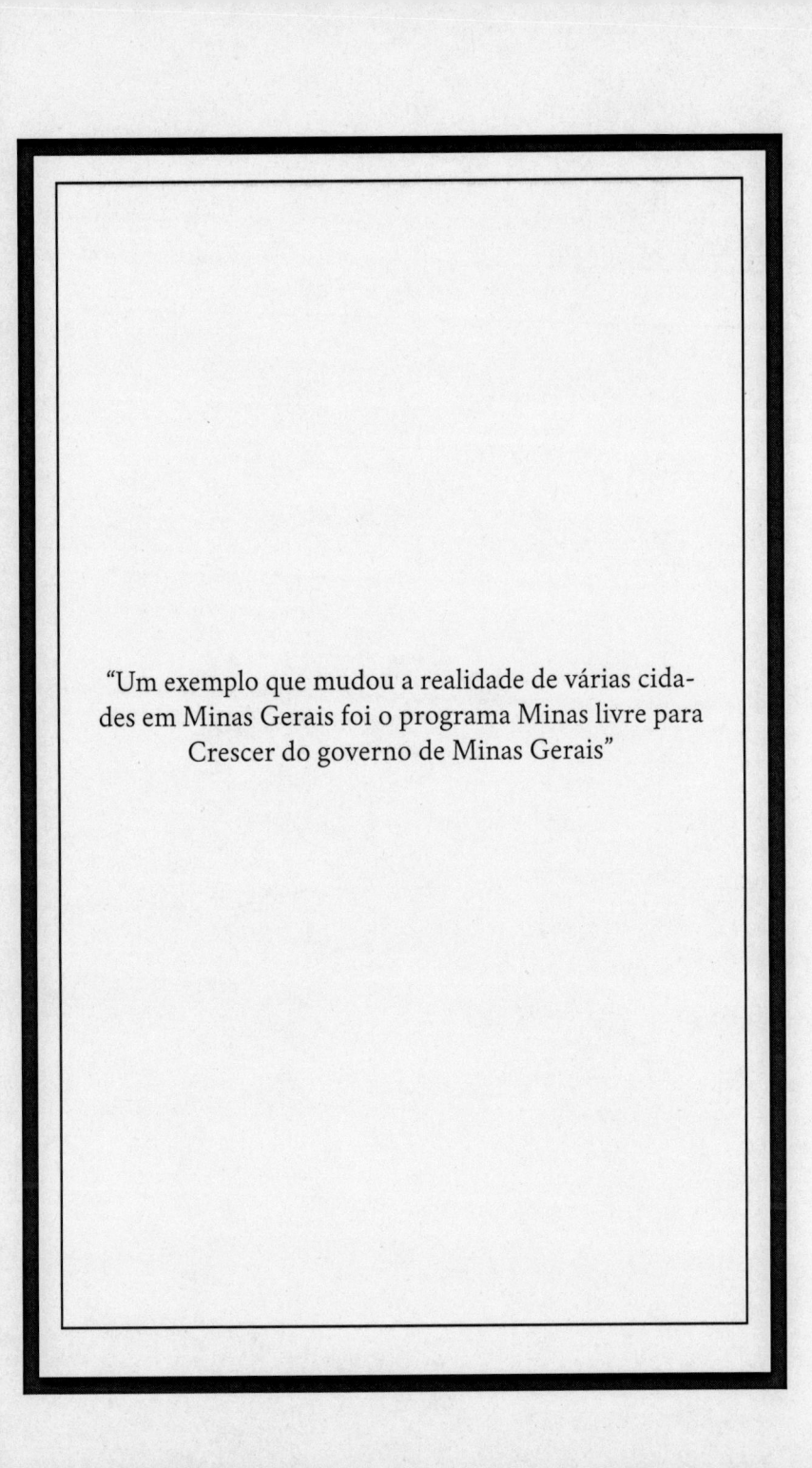

"Um exemplo que mudou a realidade de várias cidades em Minas Gerais foi o programa Minas livre para Crescer do governo de Minas Gerais"

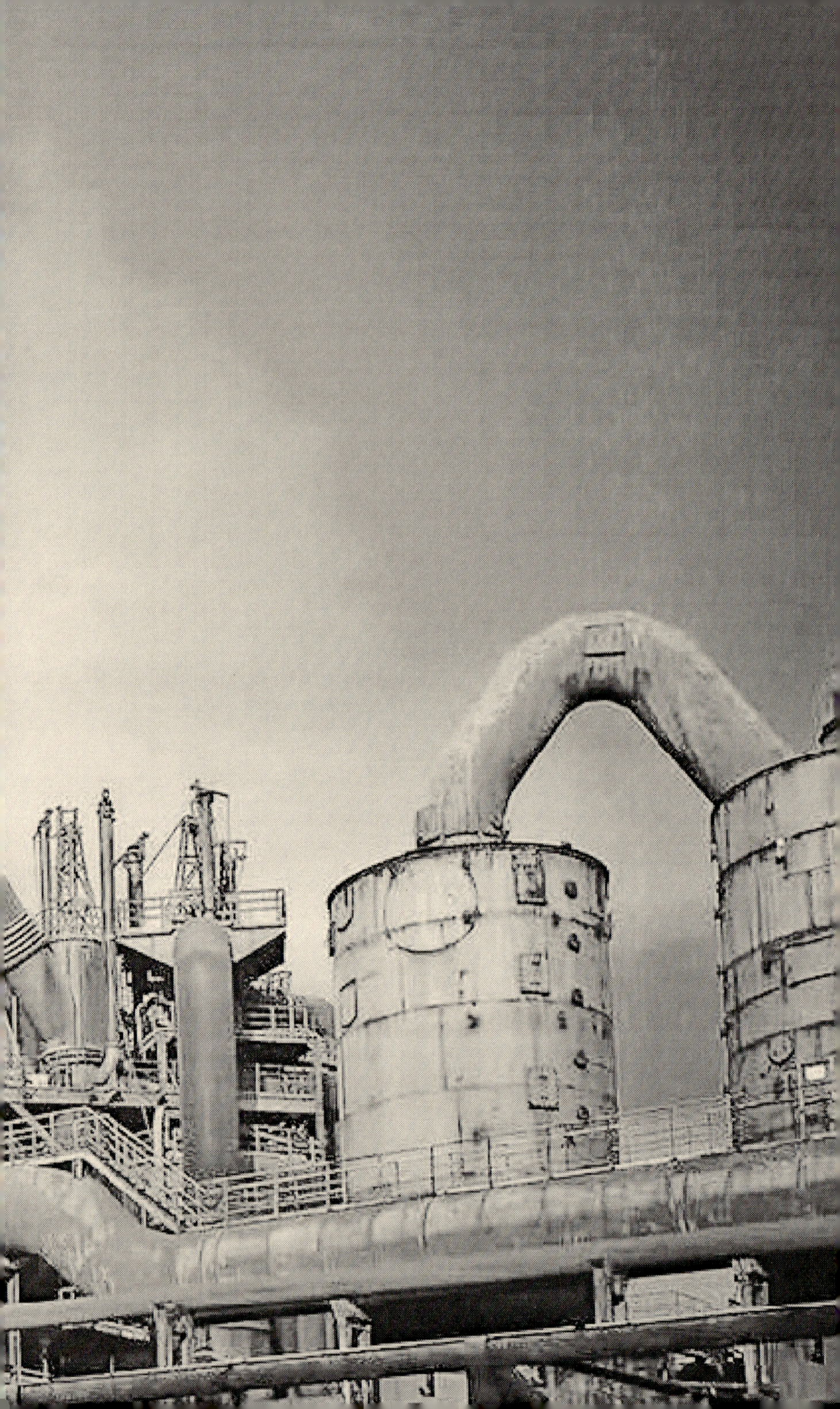

7
POLÍTICAS PÚBLICAS PARA O DESENVOLVIMENTO ECONÔMICO DAS CIDADES

A seguir, são expostos alguns exemplos de políticas públicas que podem ser adotadas pelas cidades para estimular o desenvolvimento econômico.

Um exemplo que mudou a realidade de várias cidades em Minas Gerais foi o programa *Minas livre para Crescer* do governo de Minas Gerais. Mas, sobre o que ele trata?

Trata-se de um programa que tem como objetivo principal fomentar o desenvolvimento econômico do estado, por meio de ações que visam incentivar a inovação, o empreendedorismo e a geração de empregos.

O programa é composto por diversas iniciativas que envolvem a criação de ambientes favoráveis à inovação e ao empreendedorismo, o fomento à pesquisa e ao desenvolvimento tecnológico, a atração de investimentos para o estado, a capacitação de empreendedores e gestores, entre outras.

Entre as principais ações do programa, estão: a criação de parques tecnológicos, a concessão de incentivos fiscais para empresas que investem em pesquisa e desenvolvimento, a oferta de cursos e capacitações para empreendedores e gestores, o apoio a *startups* e a empreendimentos inovadores, além da promoção de feiras e eventos para fomentar o *networking* e a troca de conhecimentos entre os participantes do programa.

Resumindo, o programa *Minas Livre para Crescer* é uma iniciativa que visa estimular o crescimento econômico do estado por meio da promoção da inovação, do empreendedorismo e da geração de empregos.

Outra política pública é a criação e estímulos aos **conselhos de desenvolvimento econômico**. Para criar um conselho de desenvolvimento econômico, como um projeto de lei em uma cidade, você precisará seguir alguns passos básicos:

- Pesquise e estude a legislação local para saber se há exigências específicas para a criação de um conselho de desenvolvimento econômico. Você também pode entrar em contato com a prefeitura local ou a câmara municipal para obter informações.

- Identifique os principais interessados e parceiros estratégicos que você deseja envolver no conselho de desenvolvimento econômico. Isso pode incluir representantes de empresas locais, organizações da sociedade civil, instituições de ensino, sindicatos e outros grupos relevantes.

- Desenvolva um projeto de lei que defina a missão, os objetivos, a composição e as responsabilidades do conselho de desenvolvimento econômico. O projeto de lei também deve definir os procedimentos para nomeação e substituição de membros do conselho, bem como a duração dos mandatos.

- Apresente o projeto de lei para a câmara municipal ou para o prefeito local, seguindo os procedimentos estabelecidos pela legislação local.

- Defenda o projeto de lei e apresente suas justificativas em reuniões ou audiências públicas. Certifique-se de ouvir e responder às preocupações ou críticas de outros membros da comunidade.

- Caso o projeto de lei seja aprovado, trabalhe para estabelecer o conselho de desenvolvimento econômico e nomear seus membros. Desenvolva um plano de trabalho para o conselho e estabeleça procedimentos para a realização de reuniões e tomada de decisões.
- Monitore e avalie periodicamente o desempenho do conselho de desenvolvimento econômico para garantir que você esteja alcançando seus objetivos e cumprindo sua missão.
- Crie um fundo de desenvolvimento econômico, para que se possa receber recursos públicos e privados, sobretudo para promover e executar projetos estratégicos na localidade.

Lembre-se de que o processo de criação de um conselho de desenvolvimento econômico pode levar tempo e exigir esforços significativos para envolver a comunidade e obter o apoio necessário. Portanto, seja paciente, perseverante e esteja disposto a trabalhar em colaboração com outras partes interessadas.

Como implementar uma política de liberdade econômica numa cidade que busca o desenvolvimento econômico:

A implementação de uma política de liberdade econômica pode ser uma estratégia viável para promover o desenvolvimento econômico de uma cidade.

A seguir, são apresentadas algumas ideias que podem ajudar na implementação dessa política:

- Redução de barreiras regulatórias: uma das principais formas de promover a liberdade econômica é reduzir as barreiras regulatórias que impedem a livre iniciativa e a concorrência. Isso pode incluir a simplificação de processos burocráticos para abrir e operar um negócio, bem como a redução de restrições em termos de propriedade, uso do solo e outras regulamentações que possam restringir o crescimento econômico.
- Incentivos fiscais: outra forma de promover a liberdade econômica é por meio de incentivos fiscais para empresas

que desejam estabelecer ou expandir seus negócios na cidade. Isso pode incluir reduções ou isenções de impostos, bem como créditos fiscais para empresas que criam empregos ou investem em infraestrutura local.

- Desenvolvimento de infraestrutura: uma política de liberdade econômica também pode incluir o desenvolvimento de infraestrutura que promova a competitividade e a eficiência econômica. Isso pode incluir investimentos em estradas, transporte público, telecomunicações e outras infraestruturas que possam melhorar a conectividade e reduzir os custos de produção e transporte. Todas mencionadas anteriormente e que merecem ser reforçadas neste momento.

- Fomento ao empreendedorismo: promover o empreendedorismo é fundamental para fomentar a liberdade econômica. Isso pode ser feito por meio de programas de treinamento e capacitação para empresários iniciantes, incubadoras de negócios, acesso a financiamento para *startups* e outras iniciativas que incentivem a criação de novos negócios.

- Proteção aos direitos de propriedade: a proteção aos direitos de propriedade é uma das bases da liberdade econômica. Uma cidade que busca o desenvolvimento econômico deve garantir que os direitos de propriedade sejam protegidos e respeitados. Isso pode incluir a implementação de leis que protejam os direitos de propriedade intelectual e a proteção dos direitos de propriedade física.

Essas são algumas das ideias que podem ajudar na implementação de uma política de liberdade econômica em uma cidade que busca o desenvolvimento econômico. É importante lembrar que a implementação dessas políticas deve ser feita de forma responsável e equilibrada, garantindo que os benefícios sejam distribuídos de forma justa e que não haja impactos negativos no meio ambiente ou na qualidade de vida da população local.

Vale ressaltar que as áreas como saúde e educação devem receber a mesma atenção, no que diz respeito à infraestrutura, visto que poderão ser determinantes em uma análise sobre o território pesquisado pelos investidores.

Existem diversas iniciativas de liberdade econômica implementadas em cidades brasileiras. A seguir, alguns exemplos:

- Lei da Liberdade Econômica de São Paulo: em 2019, a prefeitura de São Paulo implementou a Lei n.º 17.491, conhecida como Lei da Liberdade Econômica. Essa lei estabelece medidas para simplificar e desburocratizar a abertura e funcionamento de empresas na cidade, reduzindo a necessidade de autorizações e licenças prévias. Além disso, a lei permite a realização de atividades econômicas de baixo risco sem a necessidade de alvarás e autorizações.
- Porto Digital de Recife: o Porto Digital é um parque tecnológico localizado em Recife, Pernambuco, que tem como objetivo fomentar o empreendedorismo e a inovação na região. O parque abriga mais de 300 empresas de tecnologia e inovação, além de oferecer espaços para incubadoras, aceleradoras e *coworkings*. O Porto Digital também promove eventos e ações para estimular a interação entre empresas e empreendedores.
- Programa Empreender de Maringá, Paraná: nesse município foi implementado esse programa que oferece capacitação, consultoria e crédito para micro e pequenos empresários locais. O programa é voltado principalmente para empresários que enfrentam dificuldades financeiras e busca oferecer soluções para que esses empreendedores possam superar os desafios e alavancar seus negócios.
- Varginha/MG foi a primeira cidade a aderir ao Programa de Liberdade Econômica do estado, publicando, em 2021, o Decreto de Liberdade Econômica, Decreto n.º 10.205 (VARGINHA, 2021), que prioriza a desburocratização e

elimina em mais de 600 CNAES a exigência de alvarás e aprovações tácitas a partir de 60 dias da entrada de abertura de uma empresa nos órgãos da cidade.

Esses são apenas alguns exemplos de iniciativas de liberdade econômica implementadas em cidades brasileiras. É importante lembrar que cada cidade possui características e desafios específicos, e por isso as políticas e projetos devem ser adaptados às necessidades locais.

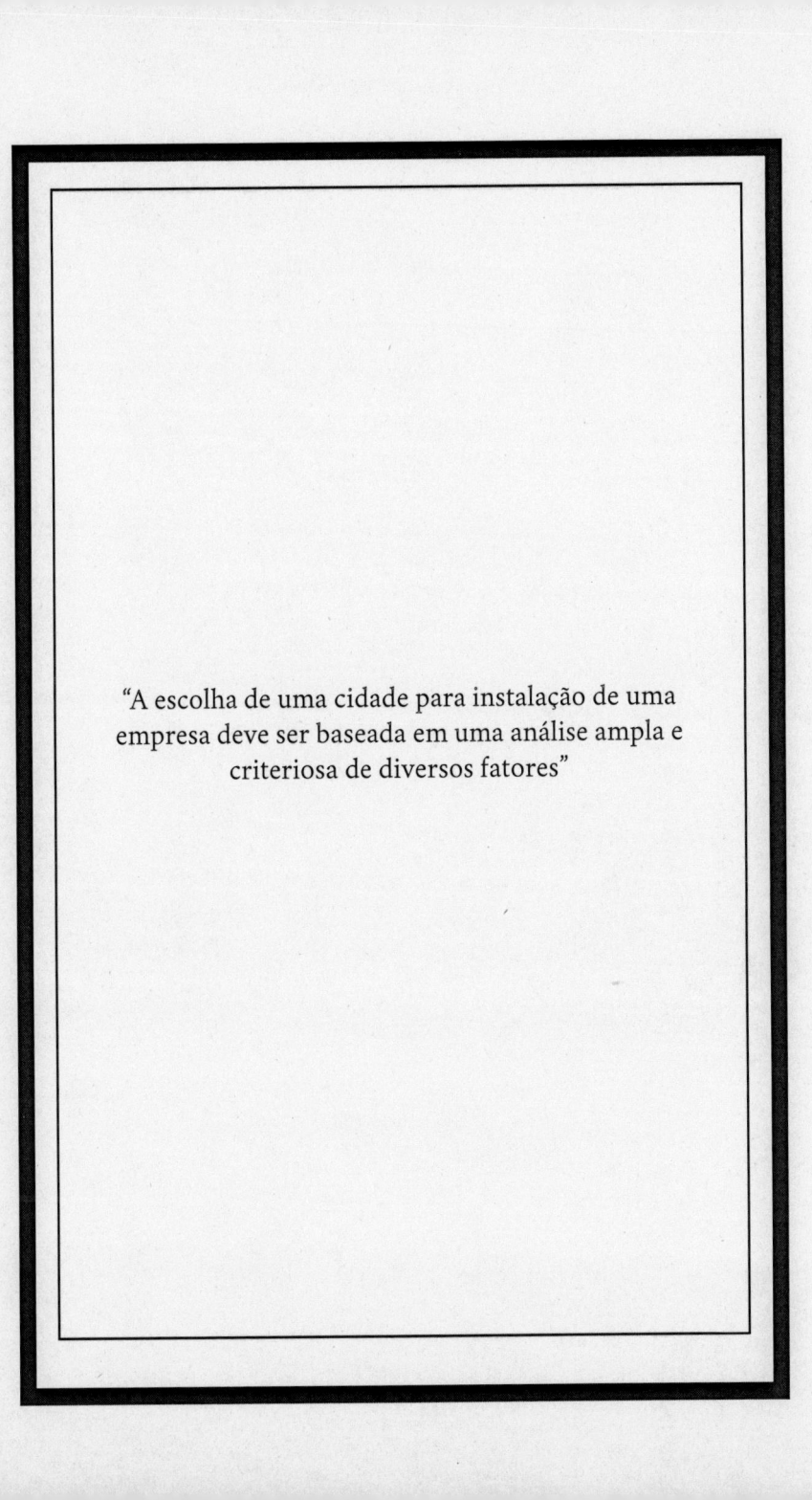

"A escolha de uma cidade para instalação de uma empresa deve ser baseada em uma análise ampla e criteriosa de diversos fatores"

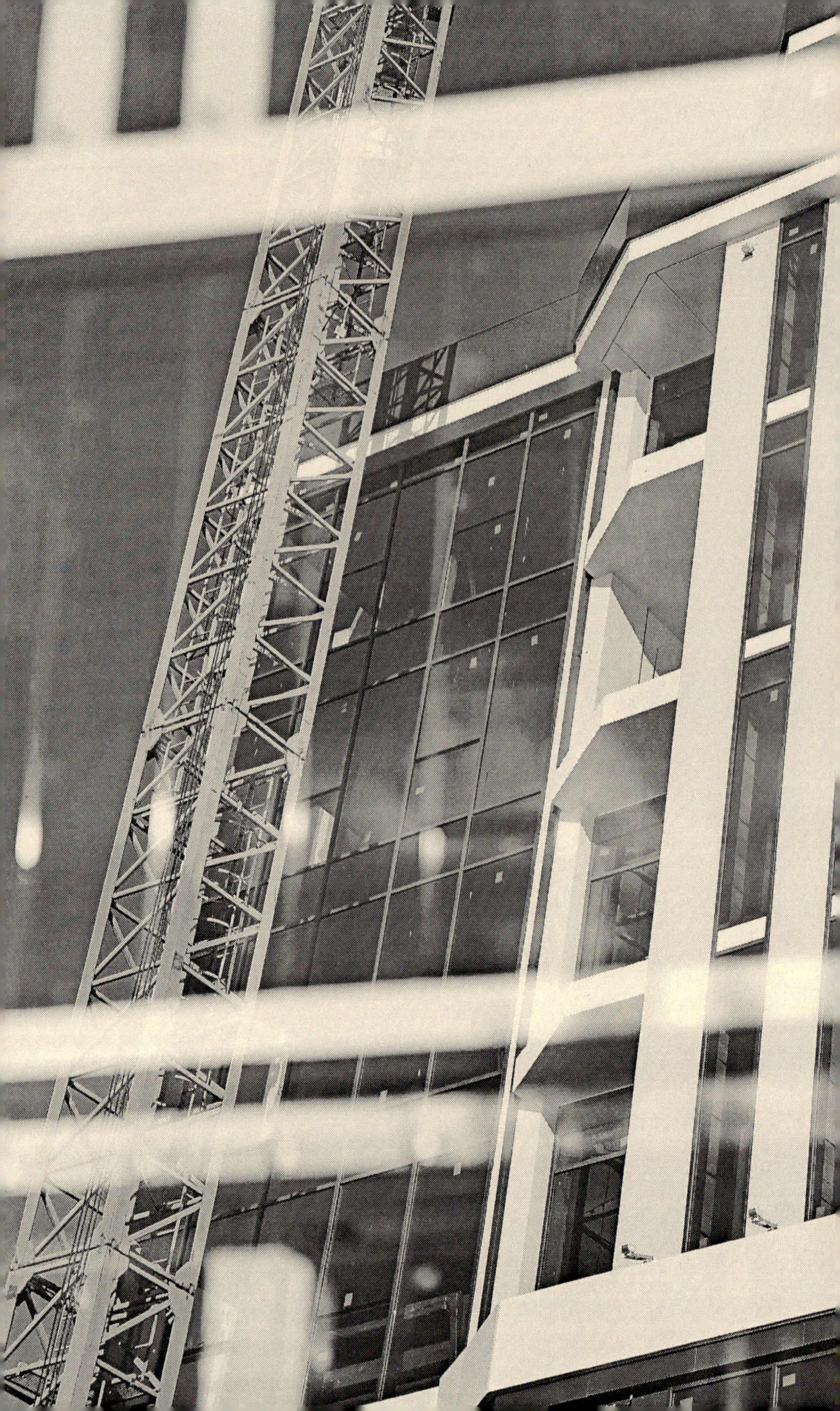

8
FÓRMULAS E INDICADORES PARA INSTALAÇÃO DE EMPRESAS EM UMA CIDADE

Existem diversas fórmulas e indicadores que podem ser utilizados para avaliar a viabilidade de instalação de uma empresa em uma cidade, considerando fatores como benefícios fiscais e de terrenos. Aqui estão algumas sugestões:

- Índice de Desenvolvimento Humano (IDH) do município: trata-se de um indicador composto que mede o desenvolvimento humano de uma região, levando em conta indicadores como renda per capita, expectativa de vida e educação. Um município com um IDH alto pode ser um bom indicativo de um ambiente propício para negócios.
- Índice de Desenvolvimento Econômico (IDE): esse indicador mede o desenvolvimento econômico de uma região, considerando indicadores como PIB, renda per capita e taxa de emprego. Um IDE alto pode indicar um ambiente econômico favorável para empresas.
- Índice de Competitividade Global (ICG): é um indicador que avalia a competitividade de um país ou região em relação a outros, levando em conta fatores como infraestrutura, educação, inovação e ambiente de negócios. Um município com um ICG alto pode ser uma boa opção para empresas que buscam vantagens competitivas.

- Índice de Facilidade de Fazer Negócios (*Doing Business Index*): trata-se de um indicador que mede a facilidade de fazer negócios em um país ou região, levando em conta fatores como abertura de empresas, obtenção de licenças e registro de propriedade. Um município com uma boa colocação no *Doing Business Index* pode ser uma opção atraente para empresas.

- Índice de Desenvolvimento Urbano Sustentável (Idus): esse índice mede o desenvolvimento urbano sustentável de uma cidade, considerando indicadores como qualidade do ar, transporte público, gestão de resíduos e uso de energias renováveis. Um município com um Idus alto pode ser atraente para empresas que buscam um ambiente sustentável e responsável.

- Índice de Atratividade de Investimentos (IAI): o IAI é um indicador que mede a atratividade de um país ou região para investimentos estrangeiros, levando em conta fatores como estabilidade política, abertura econômica e ambiente regulatório favorável. Um município com um IAI alto pode ser uma opção interessante para empresas que buscam investimentos estrangeiros ou que pretendem expandir suas operações para outros países.

Faz-se importante ressaltar que esses indicadores não devem ser considerados isoladamente e que a escolha de uma cidade para instalação de uma empresa deve ser baseada em uma análise ampla e criteriosa de diversos fatores, como: disponibilidade de mão de obra qualificada, infraestrutura, custo de vida e proximidade de fornecedores e clientes.

Por outro lado, existem diversos indicadores que podem ser considerados na análise para implantação de uma empresa em uma cidade, dependendo do setor de atividade e dos objetivos da empresa. No entanto, se a empresa busca benefícios, alguns indicadores importantes a serem considerados são:

- Incentivos fiscais: verifique se a cidade oferece incentivos fiscais para empresas, como isenções de impostos ou taxas reduzidas para abertura de negócios, especialmente para setores prioritários para a cidade.

- Infraestrutura: avalie a qualidade e disponibilidade da infraestrutura da cidade, como acesso à energia elétrica, água potável, internet de alta velocidade, transporte público etc. Certifique-se de que a infraestrutura atenda às necessidades das empresas e seus futuros colaboradores. Observe que a questão da infraestrutura volta a ser mencionada. Isso se deve à relevância desse quesito, pois ele é determinante no desenvolvimento econômico de qualquer região.

- Mão de obra qualificada: verifique se a cidade possui mão de obra qualificada disponível para atender às necessidades das empresas. Analise também a qualidade e disponibilidade de cursos técnicos e universidades na região.

- Mercado consumidor: verifique o tamanho e o potencial do mercado consumidor da cidade e região, bem como o nível de concorrência no setor em que as empresas atuarão.

- Custos operacionais: avalie os custos operacionais na cidade, como aluguel de imóveis, salários, impostos e outras despesas relacionadas ao negócio.

- Segurança: avalie a segurança na cidade, verificando as taxas de criminalidade, a presença de policiamento e as medidas de prevenção e combate à violência.

- Meio ambiente: analise a legislação ambiental da cidade e certifique-se de que a sua empresa estará em conformidade com as normas locais.

- Saúde: avalie a estrutura de hospitais, farmácias e drogarias, médicos e demais profissionais da saúde, clínicas de especialidades médicas e tudo o mais que estiver relacionado a essa área.

Ao analisar esses indicadores, a empresa poderá escolher a cidade que oferece as melhores condições para implantação do negócio e para obtenção de benefícios fiscais e outros incentivos.

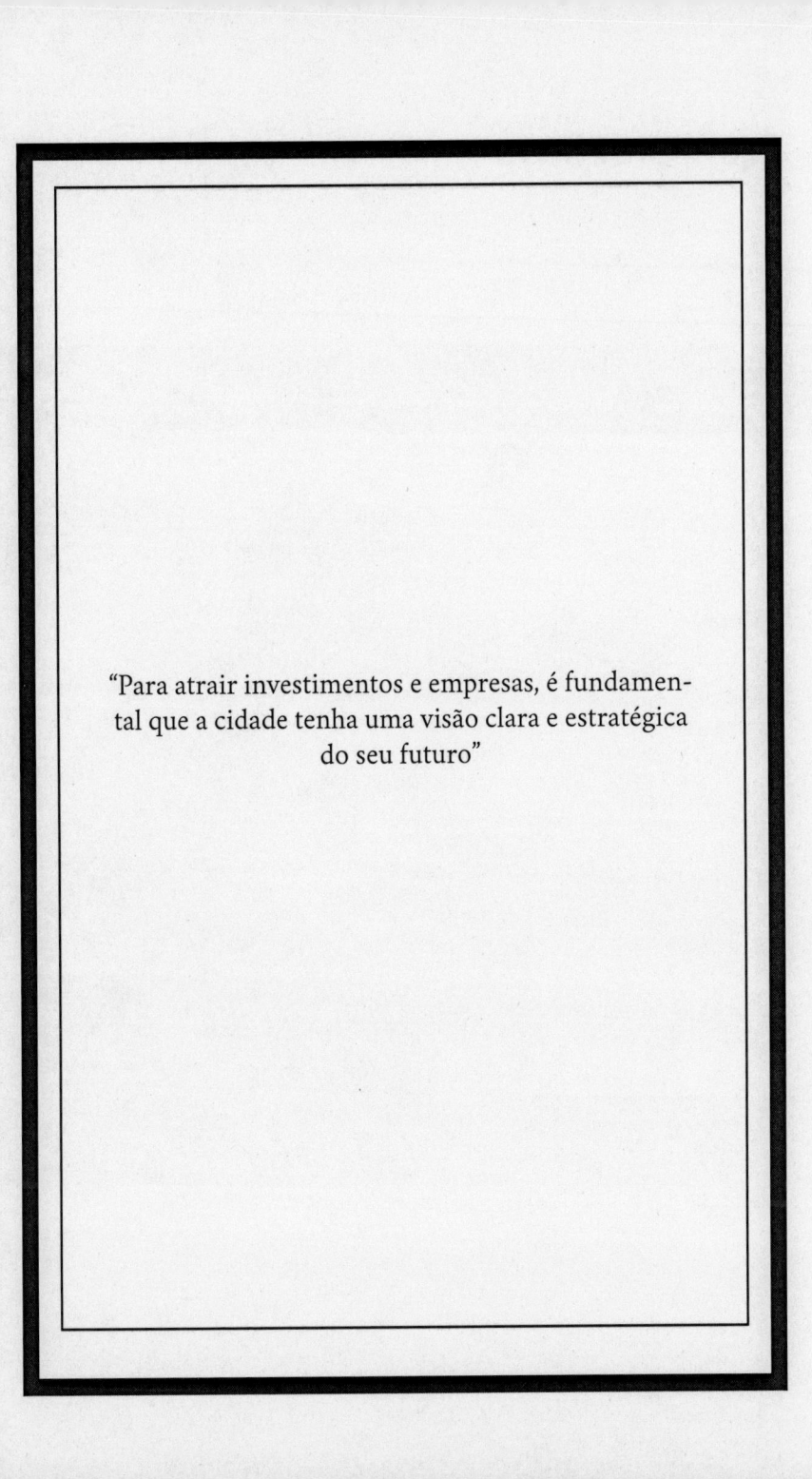

"Para atrair investimentos e empresas, é fundamental que a cidade tenha uma visão clara e estratégica do seu futuro"

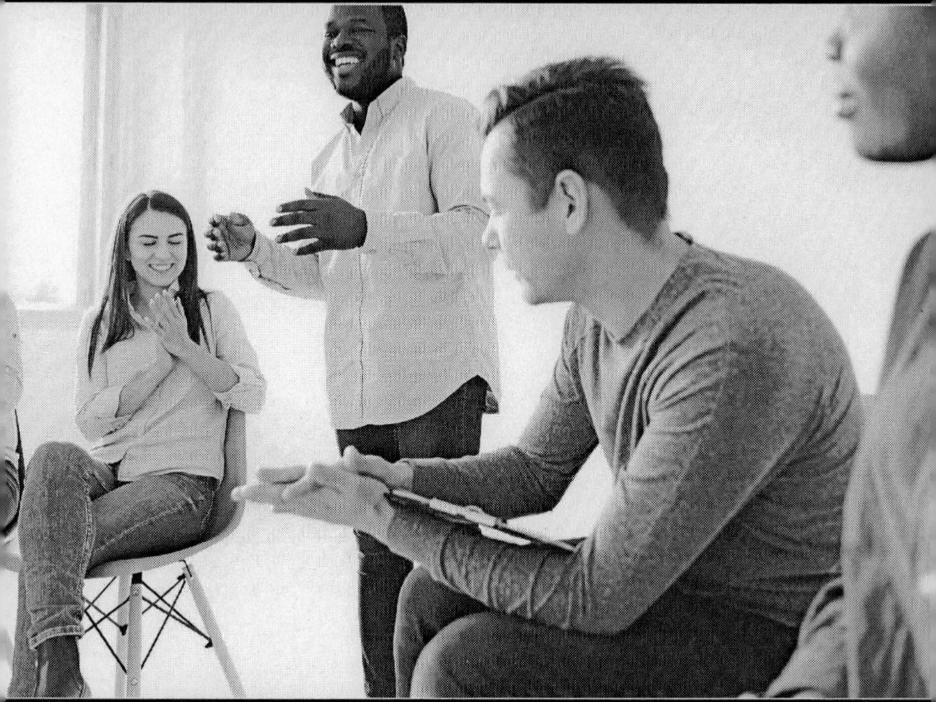

9
DISCUSSÃO SOBRE OS DESAFIOS E LIMITAÇÕES DAS POLÍTICAS

Atrair investimentos e empresas para uma cidade em desenvolvimento é um desafio significativo, mas pode ser a chave para estimular o crescimento econômico e social de uma região. A seguir, serão vistas algumas estratégias para ajudar a sua cidade a atrair novos investimentos e empresas.

9.1 - Desenvolva uma visão clara e estratégica para o futuro da cidade

Para atrair investimentos e empresas, é fundamental que a cidade tenha uma visão clara e estratégica do seu futuro. É preciso identificar as áreas de maior potencial de desenvolvimento e estabelecer metas realistas e alcançáveis. Além disso, é importante ter um plano de ação para tornar essa visão uma realidade.

- Uma visão clara e estratégica do futuro é fundamental para o desenvolvimento de uma cidade: É preciso olhar para o presente, entender as demandas e problemas atuais, mas também se prevenir e planejar ações que garantam um futuro próspero e sustentável para a população. Nessa parte é necessário abordar algumas estratégias para desenvolver uma visão clara e estratégica de futuro para uma cidade.

- Diagnóstico da situação atual: antes de pensar no futuro, é preciso entender a situação atual da cidade. É importante avaliar as forças e fraquezas da cidade, bem como as oportunidades e ameaças do ambiente em que ela está inserida. É preciso fazer um levantamento de dados socioeconômicos, indicadores de qualidade de vida, infraestrutura, meio ambiente, cultura, entre outros. A partir desse diagnóstico, é possível identificar pontos que precisam ser melhorados, bem como pontos fortes que podem ser potencializados.

- Participação da sociedade: para desenvolver uma visão clara e estratégica de futuro para a cidade, é fundamental contar com a participação da sociedade. A população deve ser ouvida e ter voz ativa nas decisões sobre o futuro da cidade. Para isso, é preciso promover espaços de participação e diálogo com os diversos segmentos da sociedade, como associações de bairro, sindicatos, movimentos sociais, empresários, entre outros. Essa participação pode ser feita por meio de audiências públicas, consultas populares, fóruns de debate, entre outros.

- Definição de objetivos e metas: com base no diagnóstico da situação atual e na participação da sociedade, é preciso definir objetivos e metas claras para o futuro da cidade. Esses objetivos e metas devem ser desafiadores e ao mesmo tempo factíveis, levando em consideração as potencialidades e limitações da cidade. Alguns exemplos de objetivos e metas podem ser: reduzir o índice de violência em 50% nos próximos 10 anos, aumentar em 30% a arrecadação do município nos próximos 5 anos, ampliar em 50% a cobertura de saneamento básico em 8 anos, entre outros.

- Planejamento estratégico: com objetivos e metas definidos, é hora de elaborar um plano estratégico para a cidade. Esse plano deve estabelecer as ações e estratégias que serão adotadas para alcançar os objetivos e metas definidos. É preciso definir prioridades, estabelecer prazos, identificar os recursos necessários, definir responsabilidades, entre outros aspectos. O plano estratégico deve ser um documento vivo, que possa ser atualizado ao longo do tempo, de acordo com as mudanças do ambiente e da conjuntura da cidade.

- Monitoramento e avaliação: por fim, é preciso monitorar e avaliar os resultados das ações implementadas. É preciso definir indicadores de desempenho e acompanhar periodicamente os resultados alcançados. Se as metas não estiverem sendo alcançadas, é preciso avaliar as causas e ajustar o plano estratégico. O monitoramento e avaliação devem ser feitos de forma transparente, com foco nos resultados.

9.2 - Invista em infraestrutura

Para atrair investimentos e empresas, a cidade precisa oferecer uma infraestrutura sólida e de qualidade, conforme insistentemente mencionado em itens anteriores. Além disso, tão importante quanto a infraestrutura, é investir em espaços públicos como parques, praças e áreas de lazer, que tornam a cidade mais atraente para os investidores e para os trabalhadores.

O desenvolvimento de infraestrutura em uma cidade pode ser um grande desafio, pois envolve a coordenação de várias áreas, incluindo o setor público, o setor privado e a comunidade. No entanto, existem algumas etapas que podem ser seguidas para ajudar a desenvolver a infraestrutura de uma cidade que busca o desenvolvimento econômico.

- Identificar as necessidades: antes de desenvolver a infraestrutura, é importante entender quais são as necessidades da cidade. Isso pode envolver a realização de estudos e pesquisas para identificar as áreas que precisam de melhorias, como transporte público, estradas, redes de

energia e telecomunicações, unidades de saúde e outros serviços básicos.
- Estabelecer prioridades: depois de identificar as necessidades, é importante estabelecer prioridades para desenvolver a infraestrutura. Isso pode envolver a definição de metas e objetivos específicos, bem como a criação de um plano de ação para atingir essas metas.
- Alocar recursos: desenvolver infraestrutura requer recursos financeiros significativos. É importante que a cidade identifique as fontes de financiamento para o desenvolvimento da infraestrutura. Isso pode incluir a obtenção de financiamento do Governo Federal ou estadual, a criação de parcerias público-privadas ou outras fontes de financiamento.
- Desenvolver projetos: com as prioridades e os recursos definidos, é hora de começar a desenvolver projetos específicos de infraestrutura. Isso pode envolver a contratação de empresas para realizar as obras, a criação de programas de incentivo para a participação de empresas privadas, e a mobilização da comunidade para apoiar os projetos.
- Monitorar e avaliar: finalmente, é importante monitorar e avaliar os projetos de infraestrutura para garantir que estejam sendo desenvolvidos de forma eficiente e eficaz. Isso pode envolver a realização de avaliações regulares para medir o progresso e a efetividade dos projetos, bem como a adaptação do plano de ação de acordo com as necessidades e mudanças na situação.

O desenvolvimento de infraestrutura em uma cidade que busca o desenvolvimento econômico pode ser um processo desafiador, mas é essencial para criar uma base sólida para a atividade econômica e social. Seguindo essas etapas, as cidades podem desenvolver infraestruturas que atendam às necessidades de seus residentes e apoiem o crescimento econômico a longo prazo.

9.3 - Ofereça incentivos fiscais e financeiros

Incentivos fiscais e financeiros podem ser uma excelente maneira de atrair investimentos e empresas. Isso pode incluir isenções fiscais, reduções de impostos, financiamentos especiais e outros benefícios que tornem o ambiente de negócios mais favorável e atraente. É importante ter uma política clara e consistente de incentivos, que seja justa e transparente para todos os investidores.

Oferecer incentivos fiscais e financeiros às empresas é uma estratégia comum utilizada pelas cidades na tentativa de atrair investimentos e empresas. A competição entre cidades para se tornar um polo econômico é cada vez mais acirrada, e oferecer incentivos pode ser uma forma de diferenciar-se das demais e chamar a atenção de investidores e empreendedores.

No item a seguir, será possível perceber como uma cidade pode oferecer incentivos fiscais e financeiros às empresas e quais são os potenciais benefícios e riscos envolvidos nessa estratégia.

Incentivos fiscais

Os incentivos fiscais são uma forma comum de incentivar a instalação de empresas em uma cidade. Eles podem incluir, por exemplo, isenções ou reduções de impostos municipais, estaduais ou federais, abatimentos em taxas, como a taxa de licença para operação e a taxa de alvará, entre outros.

Esses incentivos podem ser oferecidos de forma temporária, por um período determinado, ou permanentemente, dependendo da política adotada pela cidade. No entanto, é importante que a cidade avalie cuidadosamente os custos e benefícios desses incentivos antes de implementá-los. Isso porque, embora possam atrair investimentos e empresas, eles também podem gerar uma importante perda de receita para a cidade.

Para mitigar esse risco, a cidade pode exigir que as empresas beneficiadas pelos incentivos gerem um determinado número de empregos ou cumpram outras metas específicas em troca dos benefícios fiscais. Além disso, é importante que a cidade monitore regularmente o impacto desses incentivos e faça ajustes, se necessário.

Incentivos financeiros

Além dos incentivos fiscais, a cidade também pode oferecer incentivos financeiros como subsídios, empréstimos com juros baixos ou garantias de empréstimos. Esses incentivos podem ajudar as empresas a financiarem seus investimentos e a expandirem seus negócios.

No entanto, assim como no caso dos incentivos fiscais, é importante que a cidade também avalie cuidadosamente os custos e benefícios desses incentivos antes de implementá-los. A cidade também pode estabelecer critérios claros para a seleção de empresas beneficiadas, exigindo que elas demonstrem viabilidade econômica e ambiental, por exemplo.

Benefícios e riscos

Oferecer incentivos fiscais e financeiros pode trazer diversos benefícios para a cidade. Em primeiro lugar, pode atrair investimentos e empresas, gerando empregos e aumentando a arrecadação de impostos a longo prazo. Além disso, pode ajudar a diversificar a economia da cidade e torná-la mais resistente a crises econômicas.

No entanto, existem também alguns riscos envolvidos nessa estratégia. Em primeiro lugar, como já mencionado, os incentivos podem gerar uma perda de receita para a cidade. Além disso, pode haver o risco de que as empresas beneficiadas não cumpram as metas estabelecidas ou não gerem os benefícios esperados.

Por isso, é imprescindível que a cidade adote uma política clara e transparente de incentivos fiscais e financeiros, avalie regularmente, e, se for o caso, estabeleça prazo mínimo e máximo para o cumprimento das metas acordadas, e se não cumprir, o projeto de lei deverá constar cláusulas específicas para possíveis medidas legais.

9.4 - Promova a cidade e atraia eventos

Promover a cidade em feiras e eventos de negócios é uma excelente maneira de atrair investimentos e empresas. É importante apresentar a cidade como um destino atraente para os negócios, com um ambiente favorável, recursos disponíveis e uma força de trabalho qualificada. Além disso, a cidade pode sediar eventos que despertem o interesse de investidores, empresários e profissionais de diversas áreas, o que pode gerar novas oportunidades de negócios e ampliar a visibilidade da cidade.

9.5 - Estabeleça parcerias estratégicas

Estabelecer parcerias estratégicas com universidades, instituições de pesquisa, empresas locais e outras organizações pode ser uma excelente maneira de atrair investimentos e empresas. Isso pode gerar novas oportunidades de negócios e estimular o desenvolvimento de novas tecnologias e inovações. Além disso, parcerias podem ajudar a atrair investimentos e empresas que desejam aproveitar a *expertise* local.

Atrair investimentos e empresas para uma cidade em desenvolvimento requer uma visão clara e estratégica, investimentos em infraestrutura, incentivos fiscais e financeiros, promoção da cidade e estabelecimento de parcerias estratégicas. Ao adotar essas estratégias, a cidade pode atrair novos investimentos, gerar empregos, estimular o crescimento econômico e melhorar a qualidade de vida dos seus moradores.

76A

10
FERRAMENTAS E MODELO DE DIAGNÓSTICO PARA SE IMPLEMENTAR E AVALIAR O NÍVEL DE INVESTIMENTO DE UMA EMPRESA EM UMA CIDADE

Não existe um cálculo padrão único para avaliar o nível de investimento de uma empresa em uma cidade, pois a avaliação pode depender de vários fatores, tais como o setor da empresa, tamanho, objetivo do investimento, localização, entre outros. No entanto, existem algumas técnicas e metodologias que podem ser usadas para avaliar o nível de investimento de uma empresa em uma cidade. Algumas delas incluem:

- Análise Swot (do inglês *Strengths, Weaknesses, Opportunities, and Threats*, ou Forças, Fraquezas, Oportunidades e Ameaças): usada para avaliar a posição de uma empresa em um determinado mercado, levando em consideração as forças e fraquezas internas da empresa e as oportunidades e ameaças externas, incluindo a análise do mercado da cidade onde a empresa está investindo.
- Análise de cenário: usada para avaliar o ambiente econômico e regulatório em uma cidade específica e pre-

ver como isso pode afetar o sucesso do investimento da empresa.

- Análise de rentabilidade: usada para avaliar o retorno sobre o investimento (ROI, do inglês *Return On Investment*) de uma empresa em uma cidade específica, incluindo os custos de investimento e o potencial de retorno.
- Análise de demanda de mercado: usada para avaliar a demanda do mercado na cidade em que a empresa está investindo, incluindo a concorrência, as tendências de mercado e a análise do perfil dos consumidores.
- Análise de viabilidade econômica: usada para avaliar se o investimento é viável do ponto de vista financeiro, incluindo a análise do custo de oportunidade do investimento.

Cada uma dessas técnicas pode ser adaptada às necessidades específicas da empresa e às condições da cidade em questão. É importante lembrar que a avaliação do nível de investimento de uma empresa em uma cidade é um processo complexo e pode exigir a ajuda de especialistas em diferentes áreas, como economia, finanças, marketing, entre outros.

10.1 - Como calcular o ROI de uma empresa que está se instalando numa cidade?

O cálculo do ROI de uma empresa que está se instalando em uma cidade pode ser um pouco complexo e depende de vários fatores. No entanto, aqui estão algumas etapas que podem ser seguidas para fazer o cálculo:

- Calcule os custos iniciais: primeiro, determine todos os custos iniciais associados à instalação da empresa na cidade. Isso pode incluir o custo da construção, reformas, equipamentos, estoque inicial, entre outros.
- Estime as despesas operacionais: concluído o cálculo dos custos iniciais, estime todas as despesas operacionais que

a empresa terá, como salários, aluguel, contas de serviços públicos, marketing, entre outros.
- Estime as receitas: determine as receitas esperadas com base em projeções de vendas e outros indicadores relevantes.
- Calcule o ROI: com base nas informações acima, calcule o ROI usando a seguinte fórmula:

$$ROI = (Receita - Custo\ Total) / Custo\ Total$$

O resultado será a porcentagem de retorno sobre o investimento inicial. Por exemplo, se a receita for de R$ 1.000.000 e o custo total for de R$ 500.000, o ROI será de 100%.

É importante lembrar que o cálculo do ROI não é uma medida isolada do sucesso de uma empresa, mas apenas uma ferramenta para avaliar o desempenho financeiro e a rentabilidade do investimento. Outros fatores, como satisfação do cliente, reputação da marca e sustentabilidade, também devem ser considerados.

10.2 - Como criar uma análise Swot para atração de investimentos em uma cidade?

Para criar uma análise Swot para atração de investimentos em uma cidade, siga os seguintes passos:
- Identifique os fatores internos da cidade, ou seja, os pontos fortes e fracos. Isso pode incluir aspectos como recursos naturais, infraestrutura, mão de obra qualificada, nível de educação, custo de vida, recursos em saúde, clima de negócios, políticas governamentais, entre outros. Liste esses fatores em duas colunas separadas, destacando os pontos fortes em uma e os pontos fracos na outra.
- Identifique os fatores externos que afetam a cidade, ou seja, as oportunidades e ameaças. Isso pode incluir aspectos como tendências de mercado, concorrência,

mudanças regulatórias, tendências tecnológicas, mudanças climáticas, entre outros. Liste esses fatores em duas colunas separadas, destacando as oportunidades em uma e as ameaças na outra.

- Faça uma matriz Swot, cruzando as quatro categorias. Isso deve resultar em uma tabela com quatro quadrantes: Forças, Oportunidades, Fraquezas e Ameaças.

- Analise os resultados e identifique as combinações mais importantes e relevantes. Por exemplo, considere como as oportunidades podem ser aproveitadas pelos pontos fortes da cidade e como as ameaças podem ser minimizadas pelos pontos fortes. Ao mesmo tempo, considere como as fraquezas podem ser melhoradas para lidar com as ameaças e como as oportunidades podem ser aproveitadas apesar das fraquezas.

- Com base na análise, elabore uma estratégia de atração de investimentos que utilize os pontos fortes da cidade e minimize as fraquezas, aproveitando as oportunidades e minimizando as ameaças. Isso pode envolver ações como promover os recursos naturais e a infraestrutura, desenvolver programas de formação de mão de obra qualificada, estabelecer políticas governamentais favoráveis aos negócios, entre outras.

Lembre-se de que a análise Swot é uma ferramenta para ajudar a identificar os fatores mais importantes e relevantes para a atração de investimentos em uma cidade. É importante não se limitar a essa análise, mas sim utilizá-la como uma etapa preliminar de um processo mais amplo de planejamento e execução de uma estratégia de atração de investimentos.

10.3 - Como se calcula o VAF de uma cidade?

O Valor Adicionado Fiscal (VAF) é um indicador utilizado para calcular a arrecadação de impostos de uma cidade. Ele é determinado pela diferença entre a soma dos valores de todas as mercadorias e serviços produzidos no município e o valor dos bens e serviços adquiridos de outras localidades.

O cálculo do VAF é feito anualmente pelos municípios brasileiros, a partir da declaração dos contribuintes. Os principais tributos que compõem o VAF são o Imposto sobre Circulação de Mercadorias e Serviços (ICMS) e o Imposto sobre Serviços de Qualquer Natureza (ISSQN).

Para calcular o impacto de uma empresa nova que chega em uma cidade, é preciso considerar diversos fatores, como o porte da empresa, o setor de atuação, o volume de investimentos, o número de empregos gerados e a arrecadação de impostos decorrente das suas atividades.

Algumas ferramentas utilizadas para avaliar o impacto de uma empresa em uma cidade são o Estudo de Impacto Econômico Local (EIEL) e o Estudo de Viabilidade Econômica (EVE). Esses estudos levam em conta diversos aspectos, como a geração de empregos diretos e indiretos, o aumento da arrecadação de impostos, a demanda por infraestrutura e serviços públicos, além dos impactos ambientais e sociais.

10.4 - Como se faz o Estudo de Impacto Econômico Local (Eiel)

O Estudo de Impacto Econômico Local (Eiel) é uma ferramenta utilizada para avaliar o impacto de um empreendimento em uma determinada região. O objetivo desse estudo é analisar como a implantação de uma empresa pode influenciar a economia local, levando em consideração diversos aspectos, como a geração de empregos, a arrecadação de impostos, a demanda por serviços públicos e infraestrutura, entre outros.

Para realizar um Eiel, é necessário seguir os seguintes passos:
- Identificação dos impactos: primeiramente, é necessário identificar os impactos que a implantação da empresa

pode causar na região, tais como geração de empregos, aumento da arrecadação de impostos, demanda por serviços públicos etc.
- Coleta de dados: em seguida, é preciso coletar dados sobre a empresa e sobre a região onde ela será implantada, como dados socioeconômicos, indicadores de desenvolvimento, entre outros.
- Análise dos dados: com os dados coletados, é possível fazer uma análise dos impactos potenciais da empresa na economia local, considerando tanto os impactos positivos quanto os negativos.
- Avaliação dos impactos: nessa etapa, é feita uma avaliação dos impactos identificados para verificar a magnitude de cada um deles e sua relevância para a economia local.
- Identificação de medidas mitigadoras: se forem identificados impactos negativos relevantes, é necessário identificar medidas mitigadoras para minimizá-los, tais como investimentos em infraestrutura, programas de capacitação de mão de obra local, entre outros.
- Elaboração do relatório: por fim, é elaborado um relatório com os resultados do estudo, contendo todas as informações coletadas e as conclusões obtidas a partir da análise dos dados.

É importante ressaltar que o Eiel é uma ferramenta essencial para avaliar os impactos de um empreendimento na economia local e para planejar medidas mitigadoras, que possam minimizar eventuais impactos negativos e maximizar os impactos positivos da empresa na região.

Super importante!

Ao conceder um benefício para uma empresa que deseja se instalar em uma cidade, é importante que a administração da cidade faça uma análise criteriosa da empresa requerente para garantir que a empresa seja adequada e que o benefício seja concedido de maneira justa e eficiente. Algumas das análises mais importantes que devem ser consideradas são:

- Análise financeira: é importante avaliar a situação financeira da empresa para determinar se ela tem capacidade de se estabelecer na cidade e sustentar suas operações a longo prazo.
- Análise de mercado: a análise de mercado ajudará a determinar se a empresa pode competir efetivamente na região e se há demanda suficiente para seus produtos ou serviços na área.
- Análise de impacto: uma análise de impacto pode ajudar a determinar se a instalação da empresa pode ter um impacto positivo ou negativo na economia, na comunidade e no meio ambiente local.
- Análise de mão de obra: é importante avaliar a disponibilidade e qualificação da mão de obra local para determinar se a empresa pode encontrar os trabalhadores necessários para suas operações.
- Análise legal: as questões legais, incluindo as exigências regulatórias e fiscais locais, devem ser levadas em consideração.

Essas são algumas das análises mais importantes que devem ser feitas antes de conceder um benefício para uma empresa que deseja se estabelecer em uma cidade. Além disso, é importante que a administração da cidade tenha um plano estratégico de longo prazo para atrair empresas que possam contribuir para o crescimento e desenvolvimento sustentável da cidade.

10.5 – Estudo de Viabilidade Econômica (EVE) para uma empresa

O EVE é uma ferramenta utilizada para avaliar a viabilidade financeira de um empreendimento, levando em consideração diversos aspectos como investimentos necessários, custos operacionais, receitas projetadas, retorno do investimento, entre outros. Para montar um EVE para uma empresa que quer se instalar em uma cidade, é necessário seguir os seguintes passos:

- Definição do escopo do projeto: isso inclui a análise de qual será o negócio, o produto ou serviço a ser oferecido, o mercado alvo, a localização da empresa e as características do ambiente de negócios da cidade.
- Coleta de dados: sobre os custos de implantação, investimentos em equipamentos e instalações, despesas operacionais, pessoal necessário, preços praticados no mercado e demais informações que possam impactar no EVE.
- Análise de mercado alvo: para verificar a demanda pelo produto ou serviço, a concorrência existente, a precificação adequada, e outros fatores que possam afetar a receita projetada.
- Análise financeira: para verificar a viabilidade econômica do projeto, considerando o retorno do investimento, o tempo necessário para alcançar o ponto de equilíbrio financeiro e o fluxo de caixa projetado.
- Avaliação de riscos: identificar os principais riscos envolvidos no projeto e elaborar estratégias para minimizá-los ou mitigá-los.
- Elaboração do relatório: consolidar todas as informações coletadas e análises realizadas em um relatório de EVE, contendo a análise de mercado, a análise financeira, a avaliação dos riscos e as conclusões finais.

É importante destacar que o EVE é uma ferramenta fundamental para avaliar a viabilidade econômica de um projeto e para auxiliar na tomada de decisões em relação a investimentos e implantação de novos empreendimentos em uma cidade.

10.6 – Como criar um conselho de desenvolvimento econômico local em uma cidade

O tamanho de um conselho de desenvolvimento econômico local pode variar conforme a cidade e as necessidades específicas da comunidade. Em geral, o tamanho do conselho deve ser grande o suficiente para representar os principais setores da economia local, incluindo empresários, líderes comunitários, representantes de organizações sem fins lucrativos e funcionários do governo.

Algumas cidades podem ter conselhos menores, com cerca de 10 a 15 membros, enquanto outras podem ter conselhos maiores, com mais de 30 membros. O importante é garantir que o conselho seja representativo, diverso e capaz de tomar decisões efetivas em nome da comunidade.

Em alguns casos, as cidades podem optar por criar subcomitês especializados dentro do conselho, cada um focado em questões específicas, como desenvolvimento imobiliário, turismo ou inovação tecnológica. Esses subcomitês podem ter um número menor de membros para garantir um trabalho mais eficiente e especializado.

10.7 - Como criar um diagnóstico municipal:

Um diagnóstico municipal bem estruturado possibilita aos gestores e líderes tomadas de decisões mais estratégicas para o futuro de uma cidade que quer se desenvolver. A seguir, são destacadas algumas etapas e métodos que podem ser úteis para o gestor municipal:

1. Coleta de dados: a primeira etapa é coletar dados relevantes sobre a cidade, incluindo informações sobre sua população, economia, infraestrutura, recursos naturais, setores industriais, serviços públicos, educação, saúde, transporte, meio ambiente e outras áreas relevantes.
2. Análise de dados: em seguida, é preciso analisar os dados coletados para identificar as forças e fraquezas da cidade. Você pode usar várias técnicas de análise de dados, como

análise Swot, análise Pestel, análise das cinco forças de Porter, matriz BCG, entre outras.
3. Identificação de problemas: com base na análise dos dados, é possível identificar os principais problemas enfrentados pela cidade, como a falta de empregos, infraestrutura inadequada, baixo nível de educação, poluição, criminalidade, entre outros.
4. Priorização de problemas: uma vez identificados os problemas, é importante priorizá-los com base em sua importância e impacto. Isso ajudará a definir quais problemas devem ser abordados primeiro e onde os recursos devem ser direcionados.
5. Desenvolvimento de estratégias: com base nos problemas identificados e priorizados, é possível desenvolver estratégias para abordá-los. Essas estratégias podem incluir iniciativas para desenvolver setores econômicos específicos, melhorar a infraestrutura, fornecer serviços públicos de qualidade, melhorar a educação e a saúde, entre outras.
6. Implementação e monitoramento: uma vez que as estratégias tenham sido desenvolvidas, é preciso implementá-las e monitorar seus resultados. Isso ajudará a avaliar se as estratégias estão funcionando e se são necessários ajustes.

Em relação ao método de análise de dados, existem várias técnicas que, definindo-as resumidamente, podem ser usadas, como:

- Análise Pestel: que analisa os fatores políticos, econômicos, sociais, tecnológicos, ambientais e legais que afetam a cidade;
- Análise das cinco forças de Porter: que avalia a concorrência e a atratividade de um setor ou indústria específica;
- Matriz BCG: que analisa o ciclo de vida e a participação de mercado de diferentes setores econômicos.

Essas informações podem ser úteis para a realização de um diagnóstico completo da sua cidade e o desenvolvimento de estratégias para a promoção do desenvolvimento econômico local.

A seguir algumas perguntas que o gestor pode criar para um diagnóstico que seja aplicável numa cidade que quer se desenvolver economicamente.

1. Quais são as principais atividades econômicas da cidade atualmente?
2. Quais são os principais desafios enfrentados pela cidade em relação ao desenvolvimento econômico?
3. Qual é o perfil do mercado consumidor da cidade?
4. A cidade tem alguma vantagem competitiva em relação a outras cidades da região? Qual é essa vantagem competitiva?
5. Qual é o potencial da cidade para atrair investimentos externos?
6. A cidade tem políticas públicas voltadas para o incentivo ao empreendedorismo?
7. Qual é o grau de qualificação da mão de obra disponível na cidade?
8. Quais são os principais gargalos na infraestrutura que podem afetar o desenvolvimento econômico da cidade?
9. A cidade possui alguma política de incentivo à inovação tecnológica?

10.8 - Qual é o nível de diversificação econômica

A análise Pestel (acrônimo para Político, Econômico, Sociocultural, Tecnológico, Ambiental e Legal) é uma ferramenta usada para analisar os fatores externos que podem afetar uma empresa ou organização. Essa análise é importante porque ajuda a identificar as oportunidades e ameaças que uma empresa pode enfrentar em seu ambiente externo.

Para aplicar a análise Pestel para uma empresa, é preciso cumprir os seguintes passos:

1. Fatores políticos: examine as políticas governamentais, incluindo regulamentações, leis e estabilidade política. Pergunte-se como esses fatores podem afetar os negócios.
2. Fatores econômicos: avalie a situação econômica atual, incluindo indicadores como inflação, taxa de juros, taxa de câmbio e renda disponível. Considere como esses fatores podem afetar a demanda pelos produtos ou serviços a serem implantados no município.
3. Fatores socioculturais: analise as tendências culturais, sociais e demográficas, incluindo estilo de vida, crenças, valores e hábitos de consumo. Pergunte-se como esses fatores podem influenciar a demanda pelos produtos ou serviços a serem implantados no município.
4. Fatores tecnológicos: avalie a tecnologia atual e emergente e considere como ela pode afetar seu negócio. Pergunte-se se há oportunidades de usar novas tecnologias para melhorar os produtos ou serviços que serão oferecidos.
5. Fatores ambientais: avalie como as empresas podem afetar o meio ambiente e como as mudanças ambientais podem afetar os negócios. Pergunte-se se há oportunidades para as empresas se tornarem mais ecológicas.
6. Fatores legais: examine as leis e regulamentações que afetam as empresas, incluindo questões de segurança, saúde e meio ambiente. Pergunte-se como esses fatores podem afetar os negócios.

Após identificar esses fatores, é possível avaliar como eles podem afetar as empresas a serem instaladas e, assim, desenvolver estratégias para lidar com esses fatores e aproveitar as oportunidades identificadas.

A análise Pestel pode ser aplicada em diferentes contextos, inclusive para análise do desenvolvimento de uma cidade. Para aplicar a análise Pestel em uma cidade que busca desenvolvimento, é preciso cumprir os seguintes passos:

- Fatores políticos: analise as políticas públicas e o ambiente político da cidade. Considere questões como estabilidade política, regulamentações governamentais, políticas de desenvolvimento econômico e projetos de infraestrutura.
- Fatores econômicos: avalie a situação econômica atual da cidade, incluindo indicadores como PIB, renda per capita, taxa de emprego e inflação. Considere também as indústrias e empresas existentes na cidade, bem como as oportunidades de desenvolvimento de novas indústrias.
- Fatores socioculturais: analise as tendências culturais e sociais da cidade, incluindo a demografia, as tendências de migração, os padrões de consumo e as tendências de estilo de vida. Considere também a disponibilidade e a qualidade dos serviços públicos, como saúde e educação, e a presença de espaços culturais.
- Fatores tecnológicos: avalie as oportunidades tecnológicas na cidade, incluindo a infraestrutura de tecnologia, as empresas de tecnologia e as tendências tecnológicas emergentes. Considere como a cidade pode aproveitar a tecnologia para melhorar sua economia, serviços públicos e qualidade de vida.
- Fatores ambientais: analise a sustentabilidade ambiental da cidade, incluindo a qualidade do ar, água e solo, bem como as iniciativas locais para a preservação do meio ambiente. Considere como a cidade pode se tornar mais sustentável e desenvolver sua economia de forma sustentável.
- Fatores legais: avalie as leis e regulamentações que afetam a cidade, incluindo questões de segurança, saúde, meio ambiente e investimentos. Considere como a cidade

pode atrair investimentos e empreendimentos, ao mesmo tempo em que garante a conformidade legal.

A análise Pestel pode ser útil para ajudar na identificação de oportunidades e desafios para o desenvolvimento da cidade, e para orientar a tomada de decisões estratégicas.

10.9 - Exemplo de um modelo de análise Swot para cidades que buscam desenvolvimento econômico

No entanto, essa ferramenta também pode ser adaptada para analisar as condições econômicas e sociais de uma cidade ou região. A seguir, um modelo de análise Swot para cidades que buscam desenvolvimento econômico:

Forças:

- Localização estratégica: a cidade pode estar localizada em uma posição favorável em relação a outros centros urbanos, portos, aeroportos e rodovias importantes.
- Recursos naturais: a cidade pode ter recursos naturais que atraem investimentos, como minérios, energia renovável, florestas e recursos hídricos.
- Infraestrutura: a cidade pode ter uma infraestrutura desenvolvida, incluindo transportes públicos, telecomunicações, redes de água e esgoto, sistema de saúde, entre outros.
- Capital humano: a cidade pode ter uma força de trabalho altamente qualificada, com instituições de ensino e pesquisa de renome, além de políticas públicas para atração e retenção de talentos.
- Ambiente favorável aos negócios: a cidade pode ter políticas de incentivo à abertura e crescimento de empresas, como a simplificação de processos burocráticos e a redução de impostos e taxas.

Fraquezas:

- Infraestrutura precária: a cidade pode ter problemas de infraestrutura, como falta de manutenção de ruas e estradas, falta de investimentos em transporte público, falta de redes de água e esgoto, entre outros.
- Educação e capacitação limitada: a cidade pode ter uma força de trabalho com baixa qualificação, com baixo nível educacional e poucas oportunidades de capacitação profissional.
- Conflitos sociais: a cidade pode ter problemas de segurança pública, conflitos entre diferentes grupos sociais, falta de políticas públicas para inclusão social e para combate à desigualdade.
- Baixa atratividade para investimentos: a cidade pode não ter políticas públicas para incentivar o empreendedorismo e a atração de investimentos, além de pouca visibilidade nacional e internacional.

Oportunidades:

- Investimentos em infraestrutura: a cidade pode receber investimentos em infraestrutura, como obras de construção e manutenção de estradas, ampliação de aeroportos e portos, investimentos em redes de água e esgoto, entre outros.
- Políticas públicas de incentivo à educação: a cidade pode ter políticas públicas para incentivar a educação e capacitação profissional, atraindo instituições de ensino e pesquisa renomadas e investimentos em treinamento.
- Inovação tecnológica: a cidade pode se tornar um polo de inovação tecnológica, atraindo *startups*, empresas de tecnologia e investimentos em pesquisa e desenvolvimento.

- Potencial turístico: a cidade pode ter atrativos turísticos ainda pouco explorados, como patrimônio histórico, cultural e natural, além de investimentos em infraestrutura turística e políticas públicas para o setor.

Ameaças:

- Concorrência de outras cidades: elas podem ter vantagens competitivas em relação à cidade em termos de localização e recursos naturais.

10.10 - Como aplicar as cinco forças de Porter

As cinco forças de Porter é uma ferramenta de análise estratégica desenvolvida por Michael Porter que pode ser aplicada para avaliar a atratividade de um setor ou indústria. Embora tenha sido originalmente concebida para uso empresarial, essa ferramenta pode ser aplicada em outros contextos, como em uma cidade. Para aplicar essa análise em uma cidade, é preciso avaliar os seguintes aspectos:

1. Ameaça de novos entrantes: avalie a facilidade com que novas empresas podem entrar na cidade e competir com as empresas já estabelecidas. Pergunte-se quais são as barreiras de entrada, como requisitos de licenciamento, regulamentações, custos e acesso a capital. Considere também a disponibilidade de recursos humanos e a cultura empreendedora da cidade.

2. Poder de negociação dos fornecedores: avalie o poder que os fornecedores têm sobre as empresas da cidade. Pergunte-se quantos fornecedores existem e se são concentrados ou fragmentados. Considere também a disponibilidade de alternativas para os fornecedores e a importância dos insumos fornecidos.

3. Poder de negociação dos clientes: avalie o poder que os clientes têm sobre as empresas da cidade. Pergunte-se

quantos clientes existem e se são concentrados ou fragmentados. Considere também a importância dos produtos ou serviços para os clientes e a disponibilidade de alternativas para eles.
4. Ameaça de produtos substitutos: avalie a facilidade com que os clientes podem substituir os produtos ou serviços oferecidos pelas empresas da cidade. Pergunte-se quais são as alternativas disponíveis para os clientes e qual é a relação de custo-benefício dessas alternativas.
5. Rivalidade entre os concorrentes: avalie a intensidade da competição entre as empresas da cidade. Pergunte-se quantos concorrentes existem e como são concentrados ou fragmentados. Considere também a diversidade de produtos e serviços oferecidos, o grau de diferenciação dos produtos e a intensidade da publicidade e promoção.

Com base nessa análise das cinco forças de Porter, é possível identificar as áreas críticas para o desenvolvimento da cidade e as oportunidades para melhorar a atratividade da cidade para empresas e investidores. Por exemplo, se a análise revelar uma grande concentração de fornecedores ou clientes, pode ser necessário incentivar a diversificação ou atrair mais empresas para a cidade para aumentar a concorrência. Se a análise revelar um alto poder de negociação dos fornecedores, pode ser necessário investir em capacitação ou estímulo à concorrência para diminuir essa dependência.

10.11 - Exemplo de um modelo de análise das cinco forças de Porter para uma cidade que quer se desenvolver

A análise das cinco forças de Porter é uma ferramenta útil para avaliar a competitividade de uma indústria. No entanto, essa ferramenta também pode ser adaptada para avaliar a competitividade de uma cidade ou região. A seguir, um modelo de análise das cinco forças de Porter para uma cidade que busca se desenvolver economicamente:

1. Quanto à rivalidade entre os concorrentes, a cidade deve avaliar:
   - o número e o tamanho das empresas concorrentes em setores-chave, como turismo, indústria, comércio e serviços.
   - a intensidade da concorrência em cada setor, considerando fatores como preços, qualidade, inovação, marketing e relacionamento com o cliente.
   - a existência de barreiras de entrada para novas empresas, como regulações governamentais, alto custo de entrada ou falta de mão de obra qualificada.
2. Quanto à ameaça de novos entrantes, a cidade deve avaliar:
   - a facilidade ou dificuldade de entrada de novas empresas em setores-chave, considerando fatores como regulações governamentais, barreiras financeiras e culturais, e acesso à mão de obra qualificada.
   - o poder de barganha dos fornecedores e dos clientes, e como isso pode afetar a entrada de novas empresas no mercado.
   - a existência de economias de escala que possam favorecer empresas já estabelecidas em detrimento de novos entrantes.
3. Quanto ao poder de barganha dos fornecedores, a cidade deve avaliar:
   - o número e a concentração dos fornecedores em setores-chave, considerando se eles têm poder de barganha para impor preços e condições desfavoráveis.
   - a possibilidade de substituição de fornecedores, e como isso pode afetar o poder de barganha dos fornecedores.
   - a importância dos insumos fornecidos pelos fornecedores para a produção de bens e serviços, e como isso pode afetar o poder de barganha dos fornecedores.
4. Quanto ao poder de barganha dos clientes, a cidade deve avaliar:

- o número e a concentração dos clientes em setores-chave, considerando se eles têm poder de barganha para impor preços e condições desfavoráveis.
- a possibilidade de substituição de clientes, e como isso pode afetar o poder de barganha dos clientes.
- a importância dos bens e serviços produzidos para os clientes, e como isso pode afetar o poder de barganha dos clientes.

5. Quanto à ameaça de produtos substitutos, a cidade deve avaliar:
- a possibilidade de substituição dos produtos e serviços oferecidos, considerando a existência de alternativas no mercado.
- a facilidade ou dificuldade de substituição, considerando fatores como preço, qualidade, conveniência e disponibilidade.
- a importância dos produtos e serviços oferecidos para os consumidores, e como isso pode afetar a ameaça de produtos substitutos.

Cada força é representada por um eixo. A intensidade de cada força é medida em uma escala de um a cinco. A intensidade pode ser avaliada por meio de pesquisas, entrevistas com especialistas e análise de dados.

Cada força é representada por uma cor diferente, tornando mais fácil a visualização e a identificação da intensidade de cada uma. A área pode ser destacada em um gráfico que irá representar a intensidade total das forças de Porter na cidade analisada.

A interpretação do gráfico pode ser feita de diversas maneiras, dependendo do objetivo da análise. Por exemplo, pode-se comparar a intensidade das forças em diferentes setores da economia da cidade, ou comparar a intensidade das forças em diferentes cidades para identificar oportunidades de desenvolvimento. O gráfico pode ser uma ferramenta útil para tomada de decisões estratégicas em projetos de desenvolvimento econômico e planejamento urbano.

10.12 - Uma análise BCG para cidades

A análise BCG (nome originário da sigla Boston Consulting Group, o local onde a metodologia foi criada nos anos de 1970 pelo empresário americano Bruce Henderson. A matriz também é conhecida por outros nomes, como Growth-Share Matrix ou diagrama de portfólio), portanto, é uma ferramenta utilizada para avaliar o portfólio de produtos ou serviços de uma empresa ou organização. No entanto, pode ser adaptada para avaliar a economia de uma cidade em desenvolvimento. Para aplicar a análise BCG em uma cidade, passos que devem ser seguidos:

- Identificar os setores econômicos: é necessário identificar quais são os principais setores econômicos da cidade, como indústria, comércio, serviços, turismo, entre outros.
- Avaliar o crescimento do setor: é importante avaliar o crescimento atual e o potencial de crescimento de cada setor econômico. Isso pode ser feito com base em indicadores econômicos, como PIB, geração de empregos, investimentos, entre outros.
- Avaliar a participação no mercado: é necessário avaliar a participação de cada setor econômico no mercado da cidade. Isso pode ser feito por meio de dados de faturamento, número de empresas, volume de negócios, entre outros.
- Classificar os setores em uma matriz BCG: com base nas avaliações anteriores, é possível classificar os setores econômicos em uma matriz BCG. Os setores com alto potencial de crescimento e alta participação no mercado são classificados como "Estrelas", enquanto os setores com baixo potencial de crescimento e baixa participação no mercado são classificados como "Abacaxis". Os setores

com alto potencial de crescimento, mas baixa participação no mercado são classificados como "Interrogações", enquanto os setores com baixo potencial de crescimento, mas alta participação no mercado são classificados como "Vacas Leiteiras".

- Identificar estratégias para cada setor: com base na classificação dos setores na matriz BCG, é possível identificar estratégias para cada setor. Por exemplo, para os setores "Estrelas", pode ser necessário investir em inovação e expansão para manter a liderança no mercado. Para os setores "Interrogações", pode ser necessário realizar pesquisas de mercado e investir em novos produtos ou serviços. Para os setores "Abacaxis", pode ser necessário descontinuar ou reduzir investimentos para minimizar as perdas. E para os setores "Vacas Leiteiras", pode ser necessário investir em eficiência e redução de custos para manter a rentabilidade.

Com base na análise BCG, é possível identificar os setores que têm maior potencial de crescimento e focar os esforços para impulsionar o desenvolvimento econômico da cidade. Além disso, é possível identificar os setores que precisam de atenção especial e definir estratégias específicas para cada um deles.

Aqui está um modelo de gráfico BCG para aplicar na análise de uma cidade:

Tabela 1 – Modelo BCG para análise de cidades

	Setores com alto potencial de crescimento	Setores com baixo potencial de crescimento
Alta participação	Estrelas	Vacas leiteiras
Baixa participação	Interrogações	Abacaxis

Fonte: elaborado pelo autor

Na matriz, os setores com alto potencial de crescimento e alta participação no mercado são classificados como "Estrelas". Os setores com alto potencial de crescimento, mas baixa participação no mercado são classificados como "Interrogações". Os setores com baixo potencial de crescimento, mas alta participação no mercado são classificados como "Vacas Leiteiras". E os setores com baixo potencial de crescimento e baixa participação no mercado são classificados como "Abacaxis".

Cada setor econômico da cidade é avaliado de acordo com seu potencial de crescimento e participação no mercado e, em seguida, é posicionado no quadrante correspondente na matriz BCG. Com base nessa classificação, são identificadas estratégias específicas para cada setor, como explicado anteriormente.

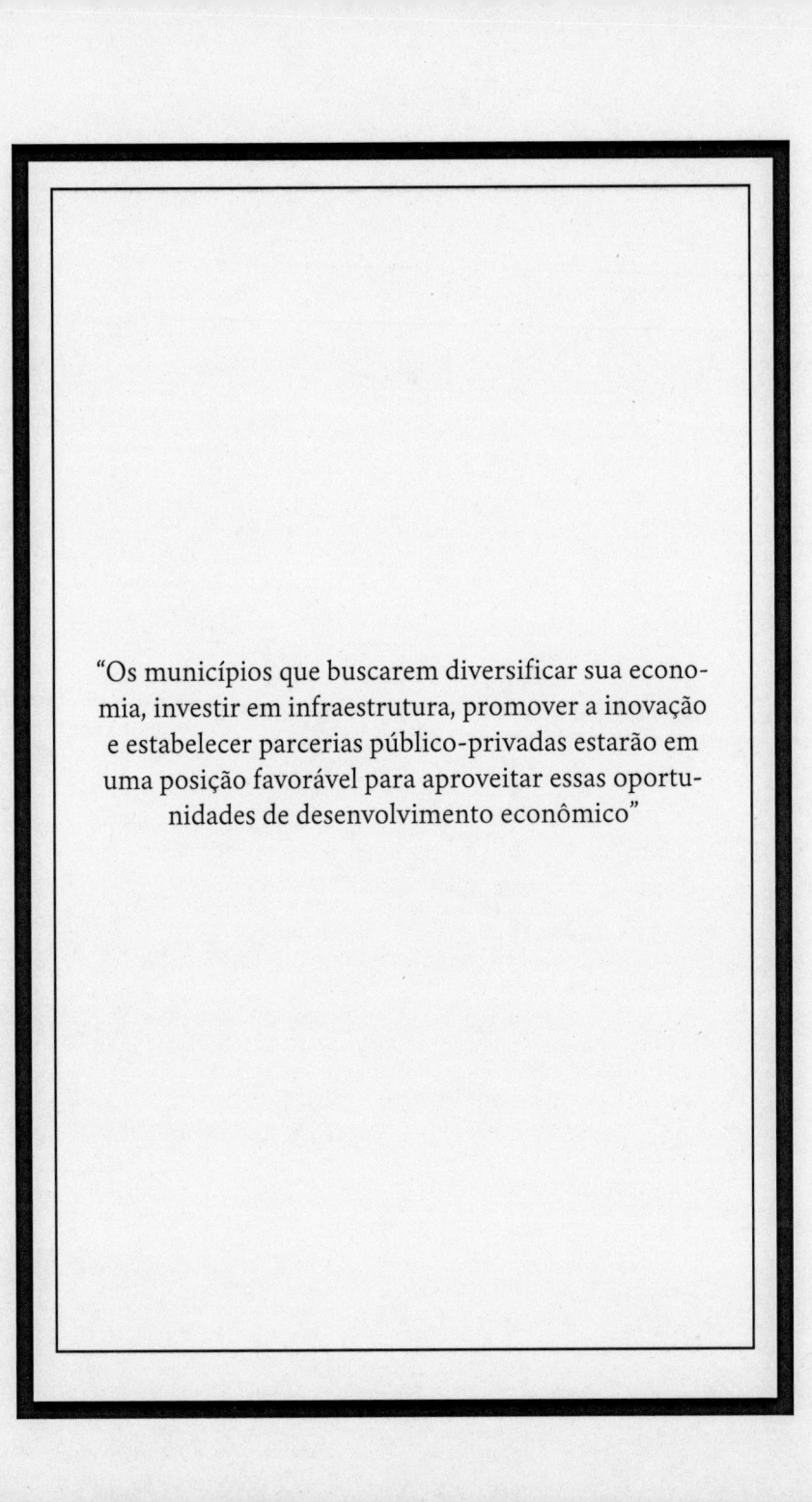

"Os municípios que buscarem diversificar sua economia, investir em infraestrutura, promover a inovação e estabelecer parcerias público-privadas estarão em uma posição favorável para aproveitar essas oportunidades de desenvolvimento econômico"

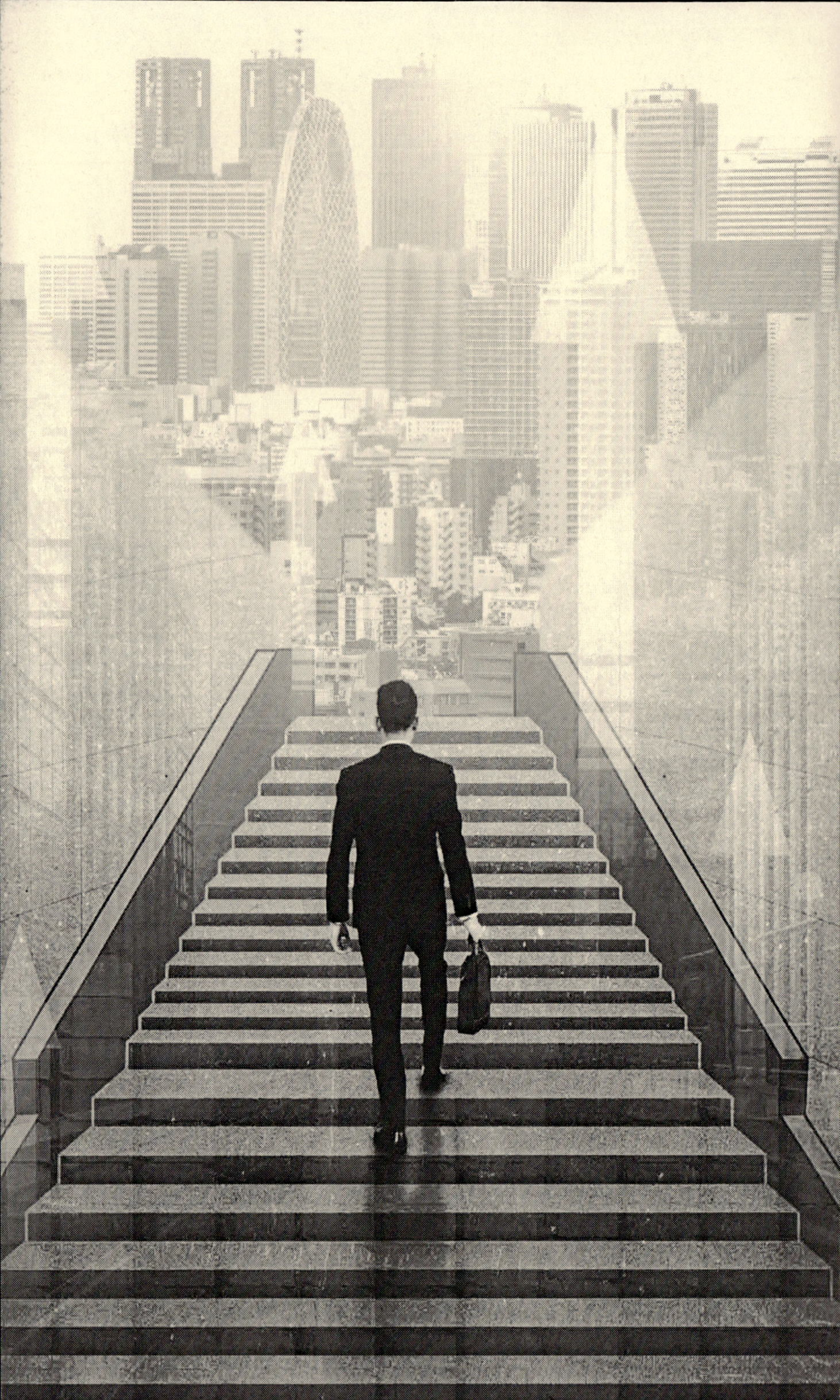

11
CONSIDERAÇÕES FINAIS

O desenvolvimento econômico em municípios é um processo complexo e multifacetado que envolve vários fatores, como infraestrutura, recursos humanos, inovação, parcerias público-privadas e planejamento estratégico. Os municípios precisam criar um ambiente favorável para atrair investimentos e promover o desenvolvimento econômico, o que deve incluir a simplificação de processos burocráticos, incentivos fiscais, programas de capacitação e treinamento de mão de obra e investimentos em infraestrutura.

Entre os principais desafios estão a desigualdade regional, a infraestrutura insuficiente, a burocracia excessiva e a falta de investimentos em setores estratégicos. No entanto, as perspectivas são positivas com as recentes reformas na economia, a abertura de novos mercados, o fortalecimento do setor de tecnologia e a crescente preocupação com o desenvolvimento sustentável.

Importante salientar que a diversificação da economia é uma estratégia importante para reduzir a dependência de setores econômicos específicos e aumentar a resiliência econômica. Os municípios devem buscar oportunidades em setores emergentes, como tecnologia e turismo, e apoiar o desenvolvimento de micro e pequenas empresas. Outro fator relevante a ser observado atentamente seria a parceria entre o setor público e o setor privado, que é fundamental para promover o desenvolvimento econômico em municípios. Os municípios podem trabalhar com empresas locais para desenvolver soluções inovadoras, incentivar o empreendedorismo e a criação de empregos.

Os municípios que buscarem diversificar sua economia, investir em infraestrutura, promover a inovação e estabelecer parcerias público-privadas estarão em uma posição favorável para aproveitar essas oportunidades de desenvolvimento econômico. Além disso, a cooperação intermunicipal e regional pode ser uma estratégia importante para superar desafios comuns e promover o desenvolvimento econômico de forma integrada.

O planejamento estratégico é fundamental para o sucesso do desenvolvimento econômico em municípios. Os municípios precisam identificar suas forças e fraquezas, oportunidades e ameaças, e desenvolver planos de ação claros e realistas para alcançar seus objetivos de desenvolvimento econômico. É importante que os municípios estejam comprometidos com o desenvolvimento econômico de longo prazo e trabalhem em parceria com todos os setores da sociedade para alcançar seus objetivos.

Por fim, o desenvolvimento econômico em municípios no Brasil tem um grande potencial de crescimento, mas é necessário um comprometimento contínuo e estratégico por parte dos governos locais, empresários e sociedade em geral para transformar essas perspectivas em realidade. Acredito muito no sucesso que uma cidade pode ter, basta unir as forças locais e juntos buscarem as melhores soluções ou até mesmo estimular as oportunidades existentes.

Diante de tudo que foi abordado, pode-se inferir que as perspectivas futuras para o desenvolvimento econômico em municípios no Brasil são promissoras, mas também desafiadoras. O país tem um enorme potencial de desenvolvimento, com recursos naturais, mão de obra qualificada e a ser desenvolvida continuamente, bem como uma economia diversificada, porém há muitos desafios a serem superados.

"É importante que os municípios estejam comprometidos com o desenvolvimento econômico de longo prazo e trabalhem em parceria com todos os setores da sociedade para alcançar seus objetivos"

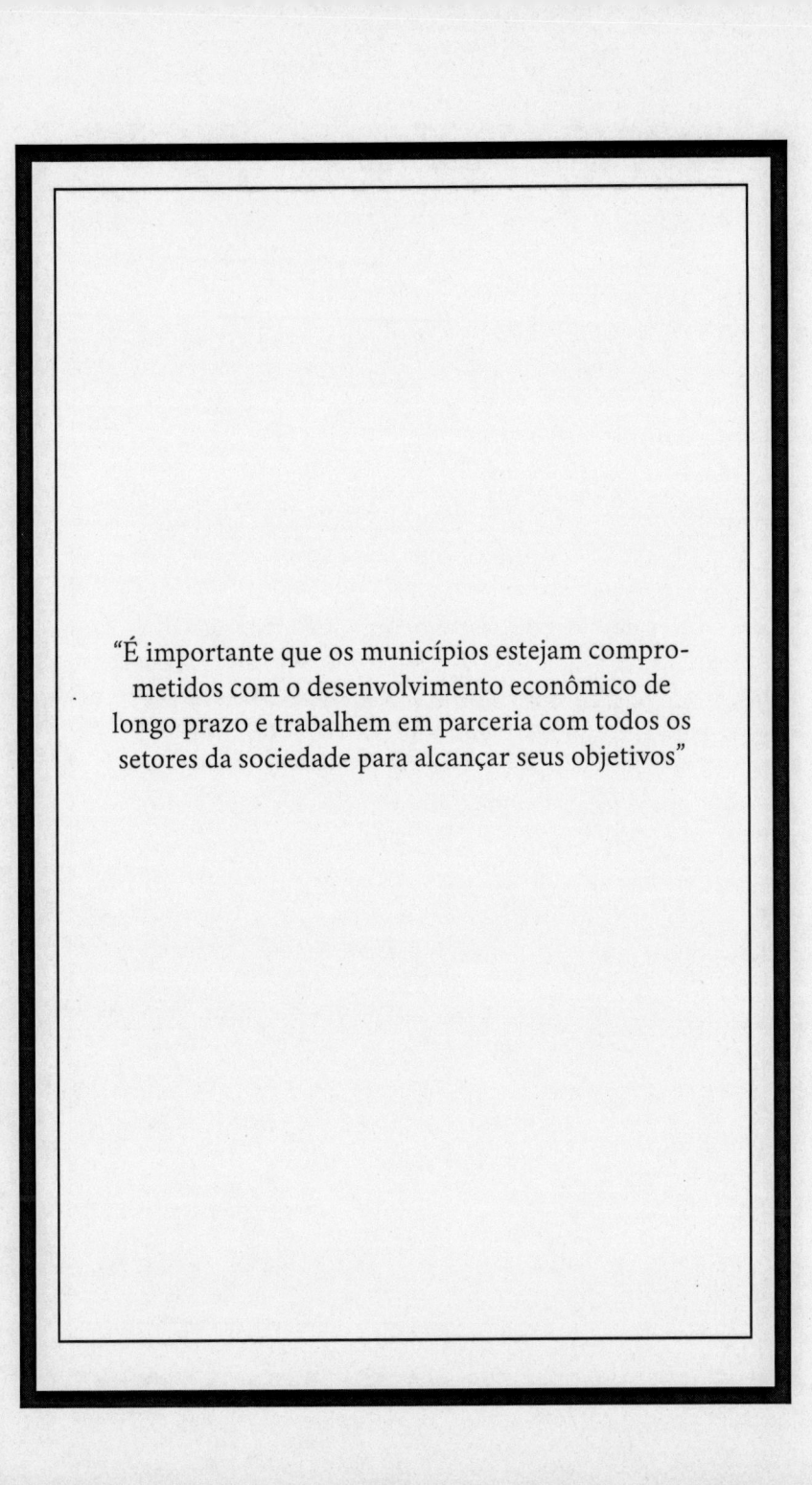

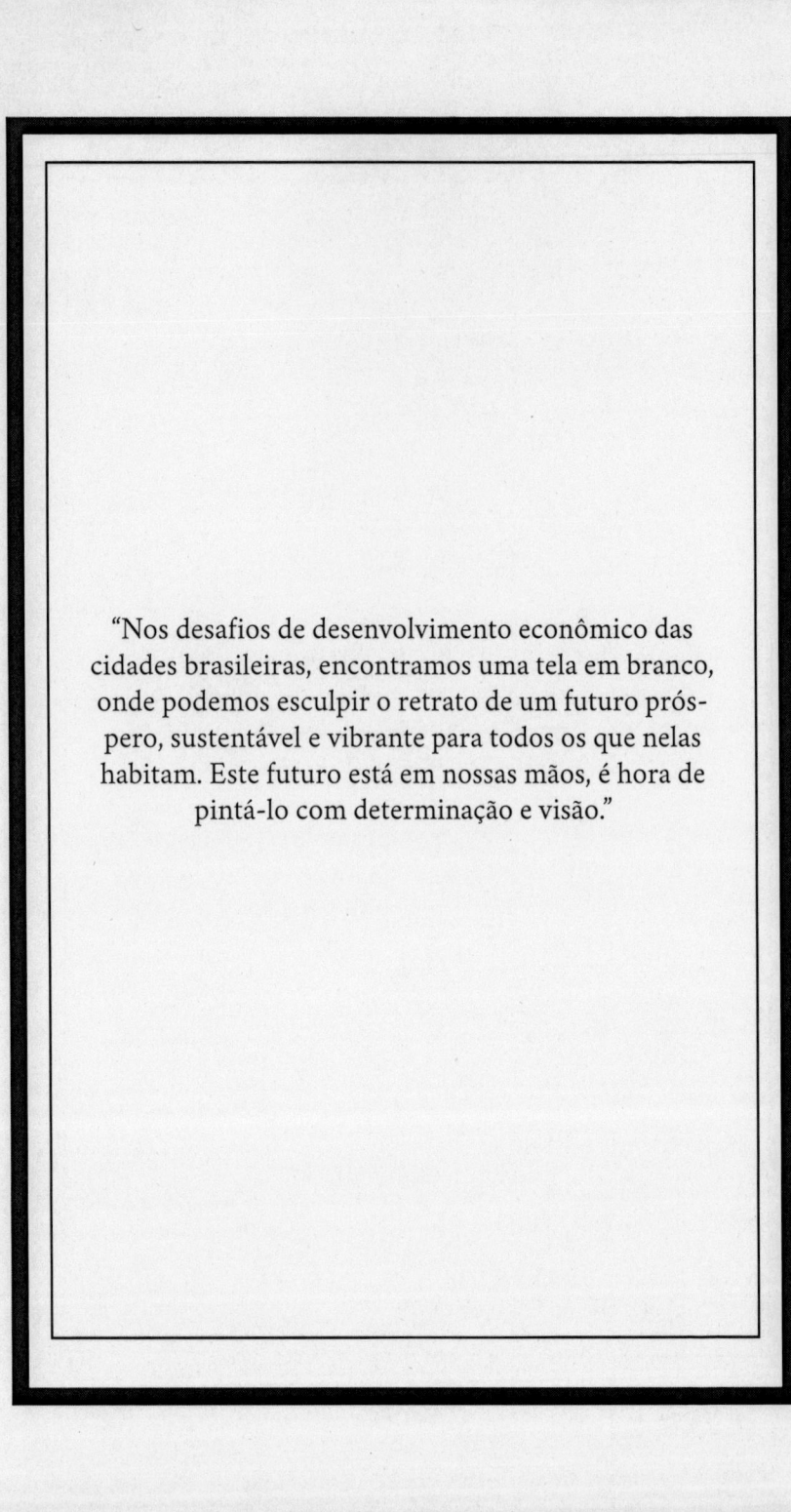

"Nos desafios de desenvolvimento econômico das cidades brasileiras, encontramos uma tela em branco, onde podemos esculpir o retrato de um futuro próspero, sustentável e vibrante para todos os que nelas habitam. Este futuro está em nossas mãos, é hora de pintá-lo com determinação e visão."

12
REFERÊNCIAS

BRASIL. Lei Complementar nº 123, de 14 de dezembro de 2006. **Diário Oficial da União**, Poder Legislativo, Brasília, DF, 15 dez. 2006. Disponível em: http://www.planalto.gov.br/ccivil_03/leis/lcp/lcp123.htm. Acesso em: 27 mar. 2023.

DICIONÁRIO FINANCEIRO. **Homepage**, 2023. Disponível em: https://www.dicionariofinanceiro.com/. Acesso em: 13 jul. 2023.

IBGE – Instituto Brasileiro de Geografia e Estatística. Produto Interno Bruto. **IBGE explica**, 2023. Disponível em: https://www.ibge.gov.br/explica/pib.php. Acesso em: 16 ago. 2023.

ISDEL-SEBRAE – Índice Sebrae de Desenvolvimento Econômico Local. Você sabe o que é ISDEL? **Isdel-Sebrae**, 2023. Disponível em: https://www.isdel-sebrae.com/. Acesso em: 24 jul. 2023.

MARTINS, André. Brasil encerra 2022 com taxa de desemprego de 9,3%, menor patamar desde 2015. **Exame**, 28 fev. 2023. Disponível em: https://exame.com/economia/brasil-encerra-2022-com-taxa-de-desemprego-media-de-93-menor-patamar-desde-2015/. Acesso em: 16 ago. 2023.

SEBRAE – Serviço Brasileiro de Apoio às Micro e Pequenas Empresas. Guia de Orientação para Desenvolvimento Econômico Local. **Sebrae**, 2020. Disponível em: https://www.sebrae.com.br/sites/PortalSebrae. Acesso em: 27 mar. 2023.

SEDE – Secretaria de Desenvolvimento Econômico. Minas livre para crescer. **Sede**, 2021. Disponível em: http://www.desenvolvimento.mg.gov.br/inicio/projetos/projeto/1062. Acesso em: 16 ago. 2023.

TRÊS PONTAS. Lei n.º 4.307, de 26 de junho de 2018. **Diário Oficial da União**, Poder Legislativo, Três Pontas, MG, 27 jun. 2018. Disponível em: https://www.trespontas.mg.gov.br/abrir_arquivo.aspx/anexo?cdLocal=19&arquivo=%7BEE7B6BE7-2EB8-540D-ABDA-A4ECC7EA-41DE%7D.pdf. Acesso em: 16 ago. 2023.

VARGINHA. Decreto n.º 10.205, de 11 de janeiro de 2021. **Diário Oficial da União**, Poder Executivo, Varginha, MG, 12 jan. 2021. Disponível em https://www.varginha.mg.gov.br/portal/leis_decretos/30706/#:~:text=DECRETO%20N%C2%BA%2010.205%2C%20DE%2011,QUE%20TRATAM%20DA%20LIBERDADE%20ECON%C3%94MICA. Acesso em: 29 mar. 2023.